諏訪《すわ》大社上社本宮《かみしゃほんみや》の御柱《おんばしら》
(長野県諏訪市)
諏訪大社では7年目ごとに御柱祭が行われ、山から大きなモミが伐り出され、新しい御柱として境内の四方に建てられる。御柱はご神木であり、神が降臨する依《よ》り代《しろ》であるとも考えられる。
写真：矢部志朗／アフロ

巨石をご神体とする磐船《いわふね》神社(大阪府交野市)
饒速日命《にぎはやひのみこと》の降臨地と伝えられる磐船神社は、巨石「天《あま》の磐船」をご神体とする。古来日本では、巨岩を「磐座《いわくら》」と呼んで神聖視したが、磐船神社は磐座信仰を基盤としたものだろう。写真：山梨勝弘／アフロ

大社の原像

熊野《くまの》本宮大社旧社地の「大斎原《おおゆのはら》」（和歌山県田辺市）

熊野本宮は古くは「大斎原」と呼ばれた熊野川の中洲に鎮座していたが、明治時代半ばの洪水で社殿が流失、500メートルほど離れた現在地に遷座した。旧社地には鳥居と祠《ほこら》（杜《もり》の中）が残る。写真：宮本俊幸／アフロ

瀧原宮《たきはらのみや》（三重県大紀町）

伊勢神宮内宮《ないくう》（皇大神宮《こうたいじんぐう》）の別宮《べつぐう》で、内宮から南西に30キロほどの山間に鎮座する。天照大神《あまてらすおおみかみ》の「遙宮《とおのみや》」とも呼ばれ、五十鈴《いすず》川沿いの現在地に内宮が鎮座する以前の、大神の鎮座地とも伝えられている。写真：山梨勝弘／アフロ

出雲大社《いずもおおやしろ》の「御柱御用」（島根県出雲市）

出雲大社の本殿は、往古は巨大な柱によって支えられた高層建築だったと考えられている。2013年の大遷宮を記念して、境内の一角に、古代の高層神殿を支えた柱が復元されたが、現在は撤去されている。

発展する神社

住吉《すみよし》大社（大阪市住吉区）
『日本書紀』によれば、新羅《しらぎ》出兵を果たした神功《じんぐう》皇后が大和への凱旋の途次に神託にしたがって現在地に鎮祭したのがはじまりとされ、底筒男命《そこつつのおのみこと》・中筒男命《なかつつのおのみこと》・表《うわ》筒男命《つつのおのみこと》・神功皇后を祀る。禊祓《みそぎはらえ》・海上渡航の神として朝廷の崇敬を受けて発展した。写真は表筒男命の第三本宮・神功皇后の第四本宮。写真：奥田健一／アフロ

春日大社《かすが》（奈良市春日野町）

奈良を代表する神社で、武甕槌命《たけみかづちのみこと》・経津主命《ふつぬしのみこと》・天児屋根命《あめのこやねのみこと》・比売神《ひめがみ》の合わせて4柱の神を祀る。神護景雲《じんごけいうん》2年（768年）にはじめて社殿が造営され、祭神を氏神《うじがみ》・祖神とする藤原氏の繁栄とともに隆盛を迎えていった。創祀は社殿造営にさかのぼる可能性も指摘されている。写真：エムオーフォトス／アフロ

伏見《ふしみ》稲荷《いなり》大社のお塚《つか》（京都市伏見区）

稲荷信仰の本源である伏見稲荷大社は和銅《わどう》4年（711）創祀と伝えられ、稲作に関わる神として渡来系氏族の秦《はた》氏によって奉斎されてきた。本殿背後の稲荷山山中には神名が刻まれた大小さまざまな「お塚」が無数に建てられている。
写真：三木光／アフロ

石清水八幡宮《いわしみずはちまんぐう》（京都府八幡市）

貞観《じょうがん》元年（859）創建。奈良の大安寺《だいあんじ》の僧・行教《ぎょうきょう》が受けた宇佐八幡神の託宣にもとづいて男山《おとこやま》の山上に宝殿が造営されたのがはじまり。皇室や源氏の篤い崇敬を受け、全国に広まる八幡信仰の拠点となった。写真提供：石清水八幡宮

宇治上《うじかみ》神社（京都府宇治市）

明治維新以前は隣接する宇治神社とあわせて宇治離宮明神（八幡宮）と呼ばれた。内殿三殿を含む本殿は平安時代後期の造営で、日本現存最古の神社建築であり、世界遺産にも登録されている。祭神は応神《おうじん》天皇、菟道稚郎子《うじのわきいらつこ》、仁徳《にんとく》天皇。

写真提供：宇治上神社

八坂《やさか》神社の祇園祭《ぎおんまつり》（京都市東山区）
京都の夏の風物詩である祇園祭は正確には八坂神社の祭礼である。八坂神社は明治維新までは祇園社と呼ばれ、疫病《えきびょう》除《よ》けの神として信仰された牛頭《ごず》天王《てんのう》を祀っていた。祇園祭は平安時代に疫病退散を願って行われたのがルーツで、つまり前近代における感染症・伝染病対策でもあった。
写真：田中秀明／アフロ

上賀茂《かみがも》神社の斎王代《さいおうだい》以下女人《にょにん》列御禊《ぎょけい》の儀（京都市北区）
5月に京都で行われる葵祭《あおいまつり》は上賀茂神社と下鴨神社の例祭。5月吉日には上賀茂と下鴨が隔年交代で、斎王代が境内を流れる御手洗川《みたらしがわ》に両手をひたして身を清め、人形《ひとがた》を流して罪穢れを祓《はら》う御禊神事が行われる。古代の賀茂祭《かものまつり》における斎王（賀茂社に奉仕した未婚の皇女）の御禊を再現したもので、神道固有の禊《みそぎ》・祓《はらえ》の風儀をうかがい知ることができる。写真提供：上賀茂神社

京都銀行
月
DAIMARU

人を祀る神社

日光東照宮《にっこうとうしょうぐう》（栃木県日光市）

元和《げんな》２年（1616）に徳川家康が没すると、翌年、朝廷から家康に「東照大権現《だいごんげん》」という神号が与えられた。そして家康の遺骸は日光に移され、新たに造営された神社に祀られた。家康を神として祀る日光東照宮のはじまりである。写真は陽明門。

写真：後藤昌美／アフロ

太宰府天満宮《だざいふてんまんぐう》（福岡県太宰府市）

延喜《えんぎ》５年（905）創建。九州に左遷されて悲運のうちに没した菅原道真《すがわらのみちざね》の墓所に社殿を造営したのがはじまりと伝えられる。全国に１万社ある、菅原道真を天満大自《てんまだいじ》在天神《ざいてんじん》として祀る天神社《てんじんしゃ》、天満宮の総本宮。令和５年（2023）５月より３年間、本殿大改修が行われるため、期間中は本殿前に設けられた特別な仮殿で参拝できる。

写真：本橋昂明／アフロ

橿原《かしはら》神宮（奈良県橿原市）

明治23年（1890）、第一代神武天皇が即位した畝傍山《うねびやま》東南、橿原宮址《かしはらのみやあと》に神武天皇を祭神として創建された。昭和15年（1940）に神武天皇の即位より2600年の嘉節にあたり社殿の改築や神域の整備拡張が進められ、現在約53万㎡の広大な神域を有している。写真提供：橿原神宮

乃木《のぎ》神社（東京都港区）

大正12年（1923）創建。日露戦争で活躍した陸軍大将で学習院長だった乃木希典《まれすけ》は大正元年、明治天皇の大葬の日に殉死。その後、乃木を慕う人々によって神社創立の声があがり、旧乃木邸の隣地に神社が造営された。写真提供：乃木神社

神社と都市

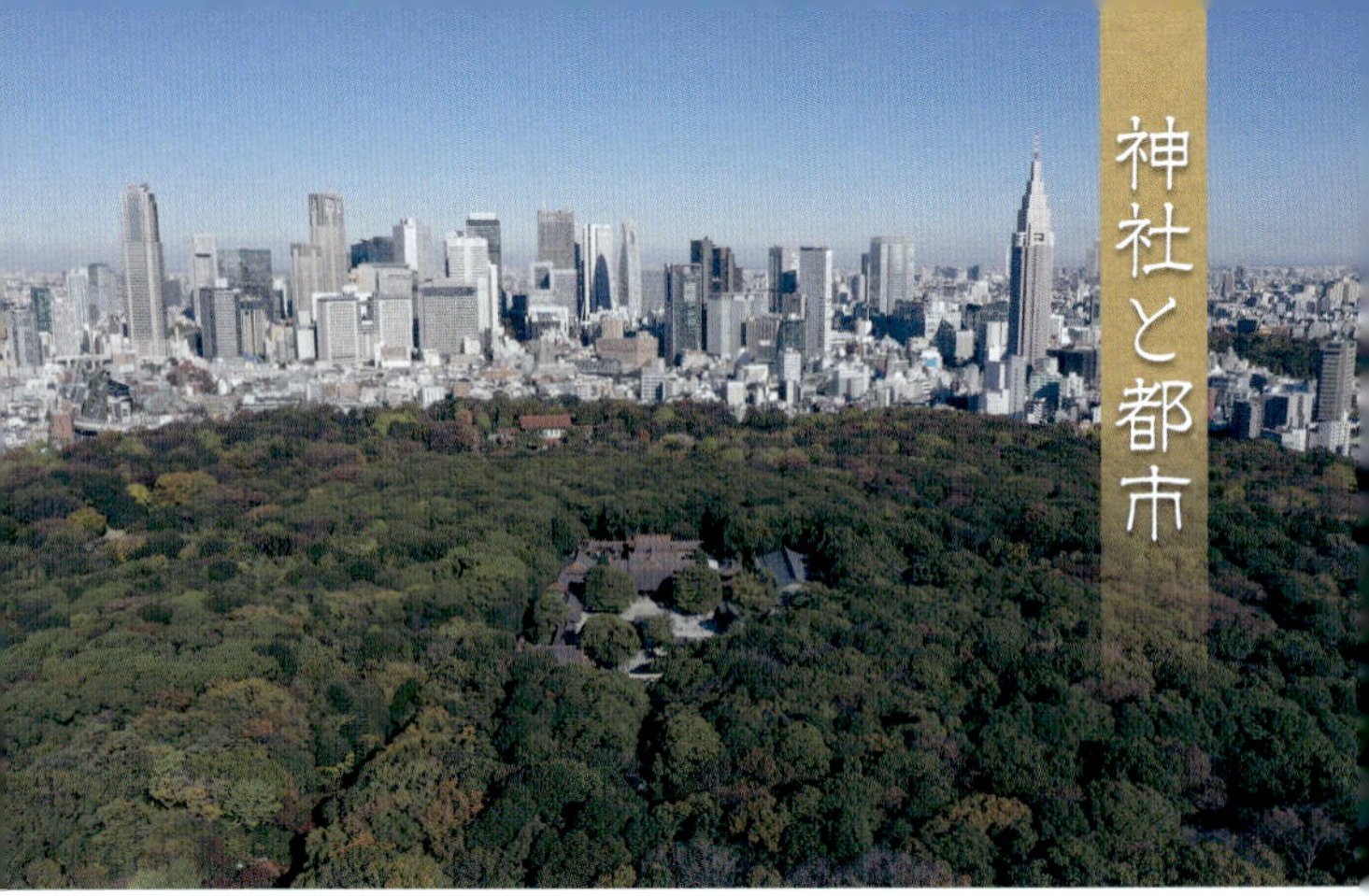

明治神宮の杜《もり》（東京都渋谷区）

明治天皇と皇后の昭憲皇太后を祀る明治神宮の鎮座地は、当初はそのほとんどが畑や草地だったが、全国各地から献木が行われて「代々木の杜」に生まれ変わった。都心に息づく豊かな緑は、純然たる人工林なのである。写真提供：明治神宮

ビルのはざまに再生した福徳《ふくとく》神社（東京都中央区）

創祀は平安時代と伝えられる。江戸時代には将軍家の崇敬も受けたが、昭和戦後には都市化の波を受けて敷地が縮小し、ビルの屋上に小祠《しょうし》が建つのみとなったこともあった。日本橋再開発にともなって平成26年（2014）に再興され、日本橋エリアの新たなシンボルとして生まれ変わった。写真提供：福徳神社

神社に秘められた日本史の謎

著　古川順弘
監修　新谷尚紀

宝島SUGOI文庫

宝島社

はじめに——神社と日本人

神社とは何か？　これは日本や日本人についての質問のうちでもとくに上位にくるものではないだろうか。日本という国で生まれ育ち自分が日本人だと思っている私たちにとってはもちろん、国際化の中にある現在、日本のことを知りたいと思っている外国人にとっても、これはぜひ知っておきたいことの一つであろう。いつの時代も自分を知り相手を知ることは大事である。とくに地球規模で多様な文化が交流する現代社会にあっては、自分たちの文化をよく理解して説明する、そして相手の文化をよく知り理解しあう、それがいちばん大切である。日本の文化の一つの象徴である神社とは何か、この問いになるべくわかりやすく答えてみようというのが本書である。

日本の歴史を古くさかのぼっていけば、もちろん神社がなかった時代があった。日本という国もなかった時代があった。考古学や文献史学の成果を参考にすれば、日本もなく、神社もなかった、そんな古い時代のことがすこしずつわかってくる。

縄文《じょうもん》時代から弥生《やよい》時代へという歴史の推移も、二〇〇三年に国立歴史民俗博物館が中心となってＡＭＳ（加速器質量分析法）炭素14年代測定法を用いて、紀元前十世紀後半には九州北部玄界灘《げんかいなだ》沿岸地域で稲作が始まっていたことが発表されてから、ひじょうに複雑な問題があることが明らかとなってきている。弥生文化を水田稲作をともなう文化だとしてきた観点からすれば、九州北部ではその紀元前十世紀にすでに弥生時代が始まっていたことになるのである。その後の水田稲作の伝播《でんぱ》を追跡してみると、瀬戸内西部地域まで約二百年ほど、摂津《せっつ》・河内《かわち》地域までは約三百年ほど、奈良盆地には約四百年ほど、中部地域には約五百年ほど、南関東地域には約六百年から七百年ほどの時間がかかったことがわかってきた。そして、東北地方北部にはその関東地方南部よりも早く前四世紀ころには日本海側を北上して稲作が伝わっていたが、前一世紀になるとその東北北部では稲作を放棄してしまっていたことも明らかとなってきた。紀元前九〇〇年代後半に北部九州で水田稲作が始まってから紀元前二〇〇年代に関東地方南部にまで広まるのに、およそ六百五十年から七百年という途方もない長い時間がかかったことになるのである。それはおよそ鎌倉・室町時代から平成の現代までという長い時間幅である。

ただし、稲作は東北地方北部の山形から仙台を結ぶ線を北限としてそれ以北には定着しなかったのであった。つまり、前十世紀後半から前三世紀までの本州を中心とする日本列島では、西日本から東日本にかけて稲作の普及が約六百五十年という長い時間幅をもってゆっくりと東漸《とうぜん》普及していった状況があり、またその稲作がついに受容されなかった東北北部があったということになるのである。もともと弥生式土器を目印として命名された弥生時代という時代区分とその呼称であったが、もはやその限界があきらかとなり、考古学の世界にとって前十世紀から前三世紀という約六百五十年間から七百年間の時代に対してその把握の上で新たな歴史科学的なパラダイム変換が求められているのである。

なぜ、稲作の普及にこのように途方もなく長い時間がかかったのか。筆者のような「稲の民俗学」の視点から考えてみるならば、稲作労働の過酷さが浮かび上がる。灌《かん》漑《がい》による水稲《すいとう》耕作には多くの人手が必要である。多くの人たちに対する統率力が必要であり、労働力を強制的に動員する権力とシステムとが不可欠である。労働を強制される階層と収穫物を集積する階層という両者の形成が必然化されることになる。採集、狩猟、漁撈《ぎょろう》という生業複合の自然循環のシステムの中に生活できていた人たちに対して、強制的に灌漑土木とその施設維持や水田稲作労働と施肥や除草や害虫鳥除けなど、さまざまな重労働を課していくことは大きな困難があったものと推定されるのである。

なぜ、古墳文化が、水田稲作が定着しなかった東北地方北部を明確に区別して、前述のように山形から仙台を結ぶ線を北限としてそれ以南の範囲にしか発生展開しなかったのか。その問題もこの紀元前の約六百五十年間から七百年間の「稲作定着困難説」に連動しているといってよい。古墳の築造はその被葬者である首長や王の権力表象でもあり、その生前からのシステマティックな労働力の把握とその動員力とを不可欠としている。つまり、水田稲作における労働力の動員力がすでにその背景にあってこその古墳築造であったと考えられるのである。

二〇〇〇年代半ば、三世紀半ばに出現したのが奈良盆地の纒向《まきむく》遺跡や箸墓《はしはか》古墳である。それは『魏志倭人伝《ぎしわじんでん》』の卑弥呼《ひみこ》の時代であり、前方後円墳を中心とする古墳の築造が始まる時代でもあった。まさに東北地方北部を除く日本列島を画一化していく時代の始まりであった。その後、遣隋使《けんずいし》派遣の六〇〇年、七世紀初頭を大きな画期として、典型的な例としては見瀬丸山《みせまるやま》古墳を最後に、約三百五十年間を経てその古墳時代は終焉を迎える。その間、計約五千二百基もの前方後円墳（前方後円墳=約四千七百基、前方後方墳=約五百基）が日本各地で築造されたのであった。では、その古墳時代とはいったい何であったのか。それはそれぞれの首長王権のもとに水田稲作をその社会に徹底的に定着させていった時代であったという点にこそ、その歴史的な意義があるといってよい。それは当然、稲を租税として集積するシステムを構築しそれを洗練し強化して持続可能なものとしていった時代でもあったのである。

その古墳時代を超克していった七世紀の飛鳥時代の中央王権は、中国王朝の権力システムを導入してやがて律令《りつりょう》国家の構築へと至る。その天武《てんむ》・持統《じとう》の時代こそ、「倭」から脱皮して「日本」が誕生し、仏教寺院への信仰とはまた別に「神社」祭祀が国家的な規模で整備されていく時代なのであった。その神祭りの中心が稲の祭りであり、稲と米は権力と祭祀に密着したもの、政治の結晶としての歴史をその後も刻んでいくこととなるのである。

このような観点から古代史の世界に言及していくことは、多くの専門の考古学者や文献史学者の人たちからすれば、無知な素人の出過ぎと批判されるかもしれない。しかし、私の専門としている日本民俗学は、実は広義の歴史科学である。柳田國男《やなぎたくにお》が創始し折口信夫《おりくちしのぶ》が深く理解し協力して育ててきた学問である。それは考古学の知見も文献史学の知見も学習し修得しながら、民間伝承を中心に研究していく学問である。その民俗学をフォークロアなどというのはまちがいである。イギリスのフォークロアやドイツのフォルクスクンデの翻訳学問などでは決してなく、日本民俗学とは民間伝承学、つまりトラディショノロジー（traditionology）、伝承分析学であり、伝承文化、伝統文化を研究する学問なのである（新谷『民俗学とは何か――柳田・折口・渋沢に学び直す』吉川弘文館、二〇一一）。

日本の伝統文化、伝承文化として、神とは何か、神社とは何か、神祭りとは何か、を問うのも日本民俗学のしごとの一つである。だからこそ、日本の神の研究に尽力した柳田は、先祖が神へとなるメカニズムを（『先祖の話』定本十巻他）、折口は、まれびとやよりしろという分析概念を（「国文学の発生」〔第三稿〕全集一巻他）発見していったのである。おそれながら新谷もケガレ（power of death）とカミ（power of life）という対概念の設定によりケガレからカミへ（kegare exorcise kami〈deities〉）というメカニズムを提示してきている（『ケガレからカミへ』木耳社、一九八七／「ケガレの構造」『日本の思想・第六巻　秩序と規範』岩波書店、二〇一三）。

本書は、複雑な問題をなるべくコンパクトに、をこころがけて解説したものであるが、この小さな一冊がきっかけとなって日本の文化と神社についての研究が今後ますますさかんとなっていくことになれば望外の幸せである。

新谷尚紀

神社に秘められた日本史の謎◎目次

神社の歴史を歩く——日本の原点へ

第1章 知っておきたい神社の基本

第2章

古代編　大神社の誕生とランク付け　37

第3章 中世・近世編 仏教との不思議な関係 89

第4章 近代・現代編 大きく再生する神社の姿 147

［口絵写真提供］一般社団法人奈良県ビジターズビューロー、「神宿る島」宗像・沖ノ島と関連遺産群保存活用協議会、アフロ、石清水八幡宮、宇治上神社、上賀茂神社、橿原神宮、乃木神社、明治神宮、福徳神社

第1章

知っておきたい神社の基本

Q1 神社のルーツはどこにあるのか？

◆神社の原型はヤシロとミヤ

鳥居《とりい》に狛犬《こまいぬ》、石畳の参道の先に建つ社殿……。神社といえば、まずこんな光景が思い浮かぶだろうが、太古の昔から、こうした神社があったわけではない。そもそも、神社とは何だろうか。現在では「神社」を「じんじゃ」と読むが、これは明治時代以降に定着した言葉で、それ以前には**ヤシロ（社）・ミヤ（宮）**の語がおもに用いられてきた。また、『古事記』『日本書紀』などの古典をみると、「神社」は「かみのやしろ」「やしろ」、「神宮」は「かみのみや」「かむみや」などと読まれている。

このなかで神社の原型をよく示唆する言葉が、ヤシロである。ヤシロは「屋代」で、「屋」（建物）そのものではなく、屋を建てるための区域を意味している。では、その「屋」とは何のための建物かといえば、神を迎えるための小屋、あるいは祭壇である。

◎原初の神社

ヤシロ（社）
＝屋（建物）のための代（スペース）
常設の社殿はなく、神マツリのための「場」だった

↓

ミヤ（宮）
＝御屋（尊い建物、社殿）
やがて、ヤシロに常設の社殿（ミヤ）が設けられる

◎神社の三原型

宗像大社（辺津宮）・高宮祭場
大神神社境内

つまり、神を迎えて祀《まつ》る「マツリ」のときに簡素な神殿が仮設され、神マツリが終わればそれが取り払われる「聖域」としてのヤシロが、原初の神社の姿だった。日本民俗学の創始者である柳田國男《やなぎたくにお》は、「古い時代における神社は、ただ祭の日に集まって神を祭るために、別置せられていた霊場だった」（「神社のこと」）と記している。

そして、さらに時をさかのぼれば、聖域にある巨岩や樹木に神霊を招いて神マツリが行われていた、と考えられている。このような、神霊の依り代《よしろ》として祭祀《さいし》の対象となった岩を**磐座**《いわくら》、また、聖域に樹木や枝を立てて祭壇としたものを**神籬**《ひもろぎ》、岩や石を積み並べて作られた祭場を**磐境**《いわさか》と言い、これらも神社の原型に位置づけられている。

しかし、神マツリがしばしば行われ、神霊の常在を願う人々の気持ちが高まってくると、ヤシロに常設の社殿がつくられるようになった。これがミヤである。ミヤとは「御屋」で、単なる「屋」ではなく、尊い建物を意味する。

では、なぜヤシロやミヤが聖地になったのかといえば、そこが神の鎮まるところ、神霊の降臨するところであり、そしてまた、神が人間の穢《けが》れを浄化し、幸福を授けてくれるところと信じられたからだろう。

✪神社がモリと読まれた理由

奈良時代末期以降になると、「神社」「社」をモリとも読むようになる。例えば、『万葉集』に「木綿《ゆう》懸けて斎《いつ》くこの神社《もり》越えぬべく思ほゆるかも恋の繁きに」（巻七・一三七八）という歌がある。「恋心がしきりにするので、木綿（神事に用いる幣《ぬさ》）を掛けて祀るこの神社さえも踏み越えてしまいそうだ」と詠ったものだ。神社がモリと訓《よ》まれたのは、おそらく神社が樹木の茂った森そのものだったからだろう。

そして、このように神社と森が結びついたのは、樹木に神が鎮まり、森に神が住まうという信仰が古くからあったからだろう。ただし、聖域視された神社では樹木の伐採がタブー視されたために、仮に当初は草地だったとしても、おのずと樹木が繁茂するようになった――という経緯も想定することができるだろう。

また、神社には古墳の上や近くに建てられたものも多くみられる。例えば、埼玉《さきたま》古墳群そばの前玉《さきたま》神社（埼玉県行田《ぎょうだ》市）は、まさに古墳上に社殿が建っている。したがって、古墳の荒廃と、神社の創建それぞれの年代確認が必要ではあるが、古墳の墳丘が聖地視され、神社に発展していったケースも多々あったと考えられるのだ。

Q2 神社と神道はどんな関係にあるのか？

◆意外に難しい神道の定義

「お寺と神社はどう違うの？」と問われれば、まずは、「お寺は仏教のもの、神社は神道のもの」と答えるのが相場だろう。だが、神社と神道の関係は単純なようで、じつは複雑な面がある。というのも、「神道」を明確に定義することが困難だからだ。

日本の文献における「神道」の語の初出は、奈良時代成立の『日本書紀』である。

「天皇、仏法を信じ、神道を尊ぶ」（用明《ようめい》天皇〔在位五八五～八七年〕即位前紀）

「仏法を尊び、神道を軽んず。生国魂社《いくくにたまのやしろ》〔難波の生国魂神社〕の樹《き》を斮りたまふ類《たぐい》是《これ》なり」（孝徳《こうとく》天皇〔在位六四五～五四年〕即位前紀）

しかし、『日本書紀』以降、平安時代なかば頃まで、「神道」の語は文献にほとんど登場しない。このため、『日本書紀』の「神道」は、外来宗教である仏教と区別された在来の信仰・宗教一般を表すために用いられた語にすぎない、あるいは、たんに「神マツリ」もしくは「神々」を意味しているにすぎないと解釈し、日本の民族信仰・民族宗教としての「神道」のことではないとみる研究者が多い。

そして、日本の民族信仰・民族宗教としての「神道」の成立時期についても、①縄文・弥生時代にすでに原始神道が成立していた、②奈良時代～平安時代初期に独自の宗教として自覚された、③室町時代頃になってようやく仏教から独立した、など、さまざまな説が出されている。このようなバラツキは、研究者によって「神道」の定義が微妙に異なり、また現実に「神道」という語が幅広い意味をもち、多様な信仰や宗教と融合して発展してきたことに起因する面もある。

そのためもあって、とくに神社を舞台とした古代日本の信仰や祭祀に対しては、「神道」の語を用いることを慎重に避ける研究者もいるのだ。

とはいえ、多くの時代において、「神道」が外来宗教とは明瞭に区別された日本固有の信仰・宗教として理解されてきたことは間違いない。そして、その「神道」の歴史は複雑だが、神社がその信仰の中核を担ってきたこともまた間違いないのである。

Q3 神社にはどんな建物があるのか？

◆俗域と神域を分かつ鳥居と狛犬

ここで、建物がある現代の「神社」に視点を移し、その外観を一瞥《いちべつ》してみよう。

神社の境内《けいだい》の入り口となるのは**鳥居**《とりい》である。鳥居の由来については、語源から神に仕える鳥の「止まり木」とする説の他に、朝鮮半島や中国あるいはインドにその原型を求める説もあり、意外によくわかっていない。ただ、神と人間の世界を画す役割を果たしていることは確かだ。鳥居の両側には、たいてい一対の**狛犬**《こまいぬ》が一種の魔除けとして置かれている。狛犬もルーツは大陸あるいはエジプトにあるとも言われる。

鳥居をくぐって参道を進むと、神社によっては社頭に川が流れ、参道に**神橋**《しんきょう》が架かっている。この橋も神界と人間界を区切る意味をもち、古い時代には、参拝者は川に入って身を清め、「禊《みそぎ》」を行った。熊野本宮大社《くまのほんぐう》（和歌山県田辺市）はかつて熊野川

◎神社の社殿配置の一例

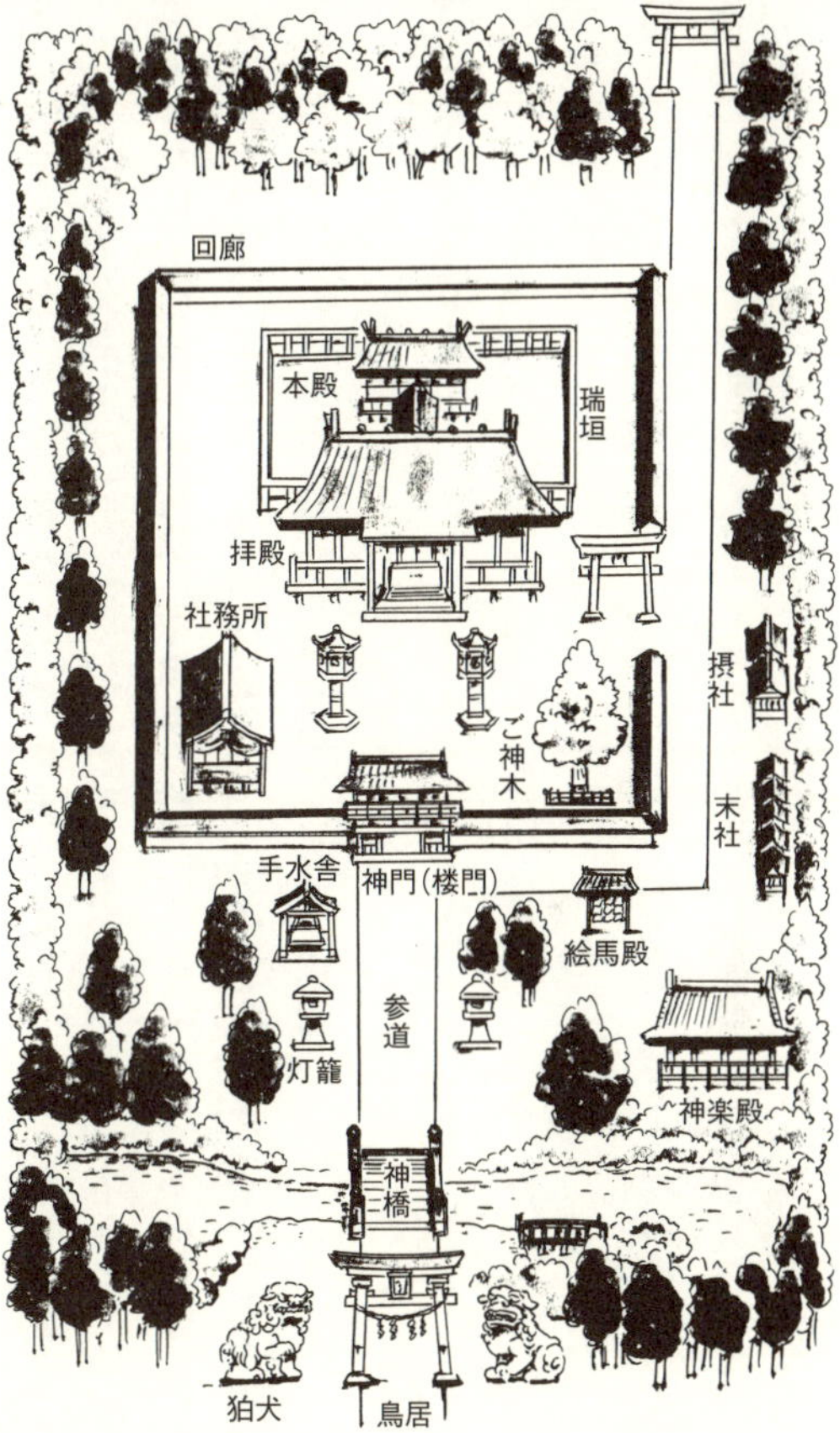

Illustration by Junko Tanaka

の中洲「大斎原《おおゆのはら》」に鎮座していたが、橋がなく、参拝者は清流を徒渉《としょう》していた。

規模の大きな神社では、参道の先に**神門**《しんもん》（**楼門**《ろうもん》）を設け、その先を**回廊**や**玉垣**《たまがき》などで囲い、そのエリアを正式な境内としているところが多い。神門の手前または先には、神社の事務を扱う**社務所**《しゃむしょ》、奉納絵馬を掲げる**絵馬殿**《えまでん》、神楽《かぐら》や歌舞《かぶ》奉納のための**神楽殿・舞殿**《まいどの》などが建つ。また、参道脇にはたいてい**手水舎**《てみずしゃ》（「ちょうずや」とも読む）がある。参拝者はここで手を洗い口を漱《すす》ぐが、これは禊の簡略版だ。

◆神社の要は拝殿と本殿

神社の中核である社殿は、基本的に**拝殿**《はいでん》、**幣殿**《へいでん》、**本殿**《ほんでん》からなる。ただし、拝殿と幣殿は一緒になっているケースが多い。

拝殿は神を礼拝《らいはい》するための場所である。ただし、通常の参拝者は拝殿の前の、賽銭《さいせん》箱の前で参拝する。拝殿で参拝することを現代では正式参拝（昇殿参拝）と呼び、初穂料《はつほりょう》を納め、神職によるお祓《はら》い・祝詞《のりと》奏上をへて、神拝を行うのが一般的である。

幣殿は、神々への幣帛《へいはく》（供え物）や神饌《しんせん》などを神職が捧げ置く場所で、一般参拝者がこのエリアに入ることはまずない。現代の神社では、多くの場合、幣殿の神饌案《あん》（八足案《やつあし》）の上に、幣帛のシンボルである御幣《ごへい》（幣束《へいそく》）が供えられている。

その先が**本殿**で、正殿《せいでん》、神殿とも呼ばれる。ご神体《しんたい》を祀る場所であり、神社で最も重要な建物だ。拝殿を本殿と勘違いする人もいるが、社殿の奥にある本殿は、神職といえどもみだりに立ち入ることができない聖域で、通常は扉が閉じられ、神座《しんざ》に奉安されたご神体そのものは見ることが許されない。また、本殿の周囲は**瑞垣**《みずがき》で囲われ、禁足地となっている。ただし、後述するように、山や巨岩をご神体とする神社には、大神《おおみわ》神社（奈良県桜井市）のように、拝殿のみで、本殿がないところがある。

また、境内あるいは境外《けいがい》には、**摂社**《せっしゃ》・**末社**《まっしゃ》がある。一般的には、摂社とは本殿に祀られている神（祭神）と深い縁故のある神々を祀る社を指す。末社とはそれ以外の神々を祀る社で、本社よりも古くからその土地で祀られてきた神を祀っているところも多い。摂社・末社は、お社《やしろ》が小さいので看過されがちだが、その神社の歴史や由来をよく物語っている場合も多く、注目しておきたい。ちなみに、伊勢神宮には境外に摂社四十三社・末社二十四社が点在し、これらを巡拝する熱心な参拝者も少なくない。

Q4 「ご神体」とは何か？

神社が神霊の降臨する聖地であるということは、人間の視点からすれば、「神を祀る場所、鎮まる神を礼拝《らいはい》する場所が、神社である」と表現することもできる。

そして、実際に神社で神を祀り、礼拝する場合には、それは、神霊を宿すとみなされる目に見えるモノ、すなわち「**ご神体**《しんたい》」を対象にして行われる。ご神体とは、祀られる神（祭神）の霊の依《よ》り代《しろ》すなわち「**御霊代**《みたましろ》」のことだが、次のようにいくつかに類型化することができる。

A　山や石、滝など、自然界のモノをご神体とするタイプ

①山…ご神体とされる山は「神体山《しんたいざん》」と呼ばれる。標高が低くても美麗な円錐形をした山（カムナビ山）や火山などは、神霊が住まう山として神聖視され、その麓で祭祀が行われ、それが神社に発展していった場合が多い。大神《おおみわ》神社（奈良県桜井市）は三《み》

◎ご神体の例

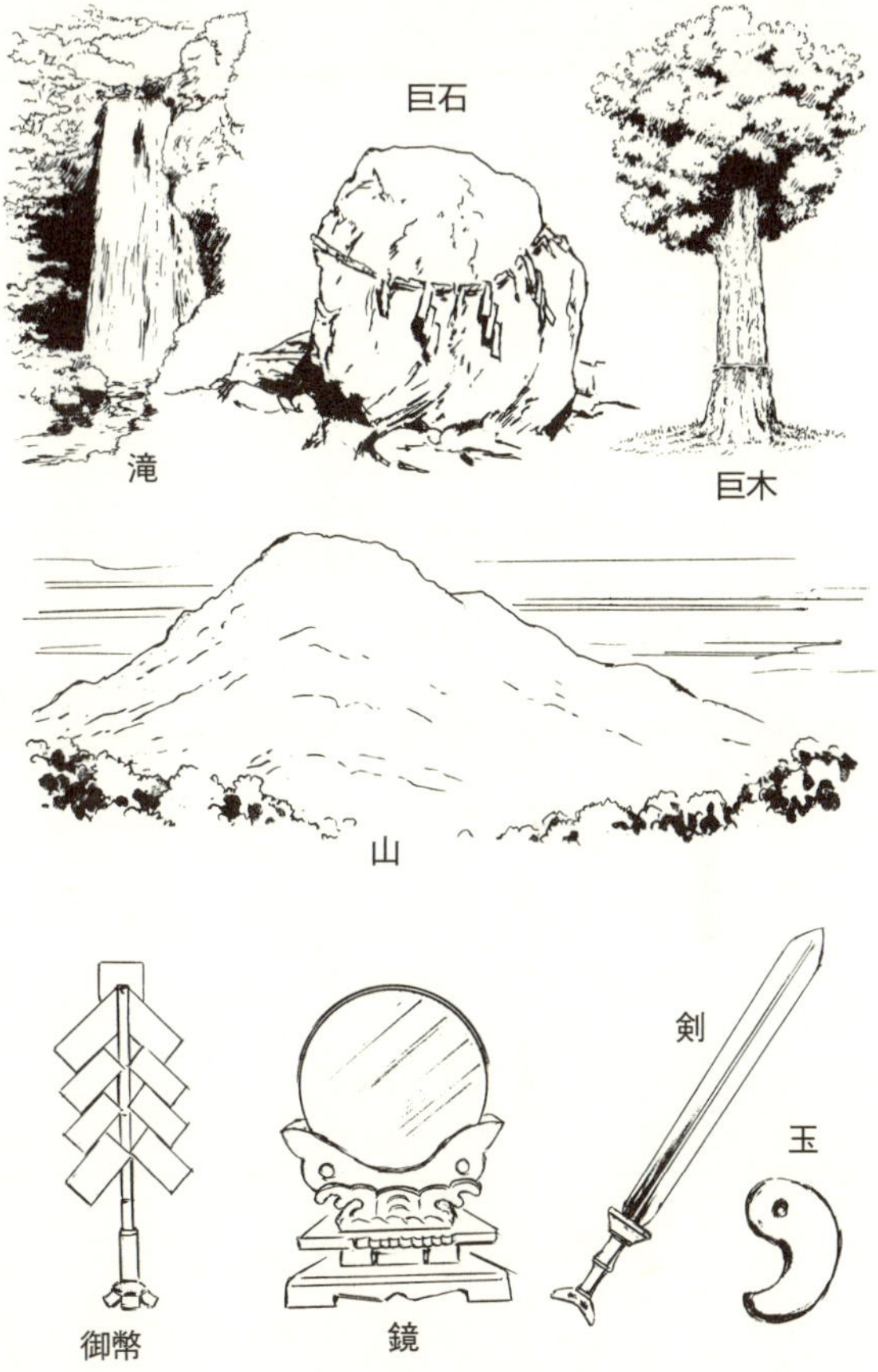

輪《わ》山を、金鑽《かなさな》神社（埼玉県神川《かみかわ》町）は御室《みむろ》ヶ嶽《たけ》をご神体とし、それぞれ拝殿を通して神体山を拝む形をとるので、本殿がないことでよく知られている。

②石…巨石や奇岩はしばしば神霊が降臨する聖域とみなされ、そこで祭祀が行われた。こうした聖域は磐座《いわくら》と呼ばれ、それが神社に発展していった場合も多い。磐船《いわふね》神社（大阪府交野《かたの》市）は、「天《あま》の磐船」と呼ばれる巨岩をご神体とし、その前に拝殿を設けている。磐座とは別に、小さな石を神霊の宿る霊石としてご神体とし、本殿内に奉安するケースもある。

③滝、泉、沼…熊野那智《くまのなち》大社（和歌山県那智勝浦町）の別宮飛瀧《べつぐうひろう》神社は、那智の滝をご神体とし、鳥居から直接仰ぎ拝む。沼、泉や井戸をご神体とする神社もある。

ご神体とは別に、境内《けいだい》にそびえる巨樹を神霊の依り代とみて「ご神木《しんぼく》」と呼び、神聖視する神社も多い。諏訪《すわ》大社（長野県）は、境内の四方にモミの大木から切り出された「御柱《おんばしら》」がそびえ（七年目ごとに建て替えられる）、これがご神木となっている。

B　鏡、剣、装飾品など、人為的なモノをご神体とするタイプ。本殿内に奉安される

①鏡…鏡をご神体とする神社は多い。これは、光を反射する神秘性から古代から御霊

代として祭祀に用いられていたこと、とくに、皇祖神であり太陽神である天照大神《あまてらすおおみかみ》の御霊代とみなされたこと、また『古事記』に天照大神が「これを私の御魂《みたま》と思って丁重に祀りなさい」と言って八咫鏡《やたのかがみ》を天孫《てんそん》に授けたと記されていることなどが、大きく影響している。周知のように、伊勢神宮のご神体は八咫鏡である。

②剣、玉…熱田《あつた》神宮（名古屋市）は日本武尊《やまとたけるのみこと》が東国平定に用いたと伝わる草薙剣《くさなぎのつるぎ》をご神体とする。石上神宮《いそのかみじんぐう》（奈良県天理市）のご神体は本殿に祀られている韴霊《ふつのみたまの》剣《つるぎ》だが、明治以前は現本殿の場所は建物がない禁足地となっていて、そこに玉類とともに埋められるという形で韴霊剣が祀られていた。

③その他…甲宗八幡《こうそうはちまん》宮（福岡県北九州市）は、神功皇后が着用したという甲《かぶと》をご神体とする。鹽竈《しおがま》神社の末社御釜《おかま》神社（宮城県塩竈市）は釜をご神体としていた。

もっとも、ご神体が本殿に奉安されている場合は、基本的には公開されないため、実際には何がご神体なのか不明な神社も多い。ただし、神霊の依り代である御幣《ごへい》をご神体とする神社も多いとみられている。また、明治維新以前の神仏習合時代には、仏像や神像が本殿に安置され、ご神体とみなされていたことも多かったのである。

Q5 祭神と神社の関係とは？

◆神社の祭神は氏神・勧請・人神の三系統

神社に祀られて、神マツリの対象になっている神を祭神《さいじん》と呼ぶ。そして、その祭神の依《よ》り代《しろ》が、ご神体なのである。現代の神社では、たいてい社頭に建つ掲示板などに祭神が明記されている。例えば、「～神明宮《しんめいぐう》」であれば天照大神《あまてらすおおみかみ》が、「～稲荷《いなり》神社」であれば宇迦之御魂神《うかのみたまのかみ》が祭神に挙げられているはずだ。また、伊弉諾《いざなぎ》神宮（兵庫県淡路市）、白山比咩《しらやまひめ》神社（石川県白山《はくさん》市）のように、祭神名を冠して社名としている神社も少なくない。祭神は、大きくは次の三系統に分類できる。

①氏神《うじがみ》型…古来の神社は、血縁・地縁によって結ばれた在地の氏族の祖と伝承される神、あるいはその氏族を守護すると信じられた神、すなわち氏神を祀って祭神としてきたところが多い。大神《おおみわ》氏の氏神大物主神《おおものぬしのかみ》を祭神とする大神神社、賀茂《かも》氏の氏神賀《か》

茂《も》別雷神《わけいかずちのかみ》を祭神とする賀茂別雷神社（京都市）などがその代表例である。
②勧請《かんじょう》型…神道には神霊は分割して遷《うつ》し祀ることができるという考え方があり、大元の神の分霊を他所に遷して祀ることを「勧請」という。平安時代以降、①系の神々のうち、霊威が強いとされる神は、地域を超えて信仰されるようになり、各地に勧請

◎祭神の三類型

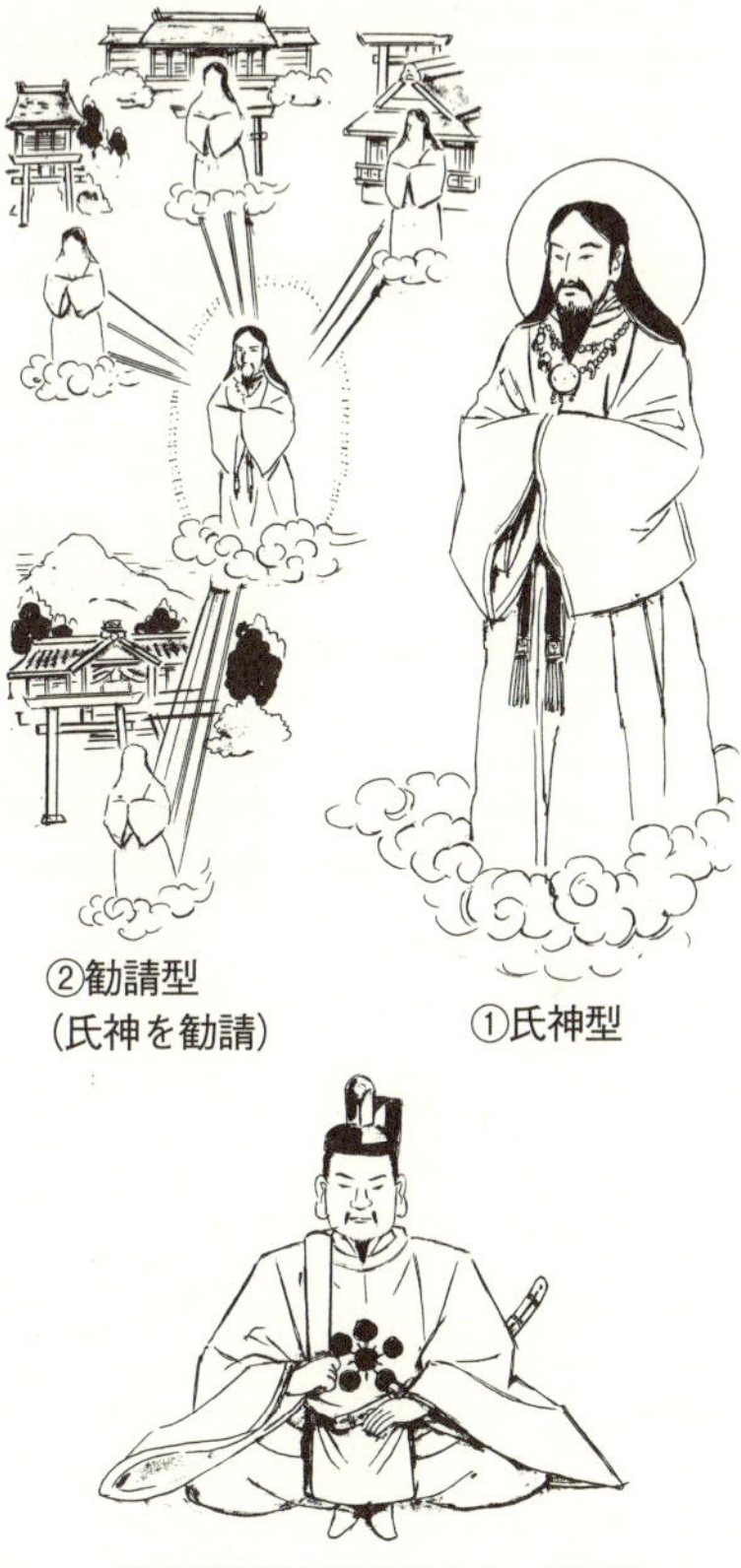

①氏神型

②勧請型
（氏神を勧請）

③人神型（人間を神として祀る）

されて祀られた。そうした神社は、本社に対する分社という形態をとる。勧請型神社は、勧請される神によって系列化できるが、数例を挙げると次のようになる。
稲荷神社：伏見《ふしみ》稲荷大社（京都市）の祭神（宇迦之御魂神）を勧請して祀る神社。
八幡《はちまん》神社（八幡宮）：宇佐《うさ》神宮（大分県宇佐市）の祭神（応神天皇《おうじん》他）を勧請。
神明宮（天祖《てんそ》神社）：伊勢神宮の祭神（天照大神）を勧請。
諏訪《すわ》神社：諏訪大社（長野県）の祭神（建御名方神《たけみなかたのかみ》）を勧請。
住吉《すみよし》神社：住吉大社（大阪市）の祭神（住吉三神）を勧請。
③人神型《ひとがみ》…人間を神として祀る神社（86・164ページ参照）。非業《ひごう》の死を遂げた人間の霊の祟《たた》りを鎮め、顕彰する。菅原道真《すがわらのみちざね》を祀る北野天満宮《きたのてんまんぐう》（京都市）など。

✪歴史のなかで祭神が変更されたケースも多い

①②③の要素が絡み合った神社、複数の祭神をもつ神社ももちろん存在する。そして、歴史ある神社では、祭神の起源や由来などの伝承を文書として残しているが、これを「**縁起**《えんぎ》」と呼ぶ。

ただし、各神社の祭神は、歴史の変遷のなかで変更された例も少なくない。当初は①系の神社であっても、中央から伝来した信仰の影響を受け、記紀神話の有名神や②③系の神に祭神が変わってしまったケースもある。神仏習合時代には、仏の化身としての神を意味する「権現《ごんげん》」が祭神視されたこともあった。とくに明治維新では、国家的な政策により、各地の神社でなかば強引に祭神が変更された例もある。また、元々の祭神が境内末社《けいだいまっしゃ》に、いわば零落したかたちで祀られているケースもままみられる。

さらに、江戸時代以前であれば、個々の神社の祭神はたんに「～神社にいる神」として、つまり神社名＝祭神名として観念されることも多かったことにも留意しておく必要がある。神社と神が一体視されていたのだ。また、歴《れっき》とした祭神を掲げる神社であっても、そのルーツをさぐってゆけば、往々にして山の神、太陽の神、水の神、あるいは地霊的な神といった、素朴な民俗神への信仰にたどり着くものである。

祭神は、その神社の特性を物語る非常に重要な要素である。しかし、歴史的な変遷を顧みず、現行の祭神だけに注目していると、その神社の歴史や性格を大きく見誤ってしまう場合があるので、気をつけたい。

Q6 神社よりも先にまず「お祭り」があった？

✦マツリとは神の霊威を享受すること

神社ではさまざまな「祭り」（マツリ）が行われる。神道ではマツリは祭祀《さいし》とも神事《しんじ》とも呼ばれるが、その意義は、「神を祀る」ことにある。したがって、「神社とは、神マツリのための〈場〉である」という定義も可能だ。神社よりも先に、まずお祭りがあったとすら言いえよう。マツリの語源については、神の威に人が従い、服従するという意の「まつらふ」から来ているとする説や、神に物を供える意の「たてまつる」とする説などがある。柳田國男《やなぎたくにお》は「まつらふ」の意を重視し、祭りとは「神の大前に侍坐《じざ》して、しばらく時を過すことを意味する」（「神社のこと」）と記している。

神社における祭祀儀礼は、神を迎え、神酒《みき》・御食《みけ》（神饌《しんせん》）などの供え物を神に捧げて饗応《きょうおう》し、祝詞《のりと》をあげて感謝の念や願いを神に示し、最後に神を送るというのが基本的なプロセスであり、あわせて神の霊威を人間が享受するというのも神マツリの目的のひとつであろう。そして、古代においては、神はマツリという「ハレ」の時に限って天から地上に降臨し、マツリが終われば神界に戻ってゆくと考えられていた。したがって、マツリ時以外に神社に参拝することはありえなかった。

現代の神社で行われている年中祭祀のなかで、重要なものを挙げてみよう。

○祈年祭《きねんさい》…「としごいのまつり」とも読む。一般的には二月（旧暦一月）に行われ、五穀豊穣を祈念し、皇室・国家・国民の平安を願う。

○新嘗祭《しんじょうさい》…「にいなめさい」とも読む。十一月二十三日前後（旧暦でも十一月に行う）。収穫祭の性格をもち、神に新穀を供えて、神恩に感謝する。

○例祭…年に一度、祭神や神社創建に縁故のある日に行われる。いわば神社の誕生祭で、氏子《うじこ》も参加する、その神社にとって最も重要なマツリ。

また、その神社にとって特別な由緒をもつ祭祀はとくに「**特殊神事**」と呼ばれる。古い時代に起源をもつ、古式に則ったマツリである場合が多く、その神社の本源的な信仰や歴史を反映するものとして、注目される。

Q7 神社はどうやって運営されているのか？

◆朝廷・国家・民衆に支えられてきた神社経済

現代の神社は、基本的には、**神職《しんしょく》**と、**氏子《うじこ》・崇敬者《すうけいしゃ》**によって運営されている。

神職は神社の維持・経営、祭祀に従事し、一般に神主《かんぬし》・神官《しんかん》とも言うが、全国のほとんどの神社を束ねる神社本庁ではこれを正式な名称としていない。また、神社本庁では、神職に宮司《ぐうじ》・権宮司《ごん》・禰宜《ねぎ》・権禰宜の職称（職階）をもうけている。

そして、ある神社を崇敬する人のうち、その神社の周辺に住んでいる人を氏子、氏子区域外に住んでいる人を崇敬者と呼んで区別している。神社は、経済的にも氏子や崇敬者からの賛助金によって支えられてきた側面があるが、近年は氏子・崇敬者の減少が神社経済の問題を深刻化させている。

しかし、歴史的にみると、神社の経済は、一般民衆である氏子・崇敬者の奉仕だけでなく、朝廷や国家からの寄進・援助によっても支えられてきた。

古代の律令《りつりょう》制下（七世紀後半～十世紀頃）では、有力な神社は朝廷から**神田《しんでん》**や**神戸《かんべ》**を与えられていた。神戸とは、租税・調役《ちょうえき》を国家ではなく神社に納める民のことで、社殿の改修や清掃などの労役にも従事した。律令制が衰退すると、神戸は国家ではなく神社が独自に支配するようになり、中世にはそれが荘園《しょうえん》に変質していった。神社が所有した荘園は**社領荘園**、**神領**とも呼ばれ、基本的には天皇・貴族・武士からの寄進であった。そして荘園からの収入が神社運営にあてられたのである。

一方、**宮座《みやざ》**と呼ばれる、有力な氏子によって組織される祭祀集団の奉仕によって運営された神社もあり、これは近畿地方の古社に多い。そして、宮座から当屋《とうや》（当番）神主や一年神主を選ぶ習俗も生まれている。

中世後期には荘園は衰退したが、豊臣秀吉は、これに代わるものとして**朱印地《しゅいんち》**を神社に与えた。この名称は、秀吉の朱印状によって所有権が保証されたことによる。朱印地の給付は江戸幕府にも引き継がれ、幕末まで続いたが、明治維新で国家に没収されている。以後、昭和戦前まで神社には国費・公費が支給されていた。

神社のトリビア❶

津波は神社の手前で止まった！

平成二十三年（二〇一一）の東日本大震災では、大津波が東北太平洋岸の集落を根こそぎ破壊していったが、しかし、不思議なことも起きている。被災地の神社の多くが津波災害から免れたのである。

高世仁他『神社は警告する』によると、福島県の新地《しんち》町から南相馬《みなみそうま》市沿岸部にかけて鎮座する八十四の神社のうち、被害を受けたのは十七社で、残りは無事だったという。しかも津波で流された神社の多くは、江戸時代以降に創建された比較的新しい神社、あるいは移転してきた神社だったという。また、残された多くの神社は、沿岸部の津波の浸水線上に位置していた。まさに、神社の手前で津波は止まったのだ。

この理由については「東北は平安時代に貞観《じょうがん》地震に見舞われて大津波の被害を受けたが、これを教訓に、被害を受けにくい安全な場所に神社を建立した」「古代、人々は地盤がしっかりした聖なる場所を選び、そこに神社を建てた」といった推測がなされている。

東日本大震災では、多くの神社が津波からの避難所にもなった。神社には、自然災害から身を守ろうとする人間の知恵も集積されているのである。

第2章

古代編
大神社の誕生とランク付け

Q8 神社はいつからあったのか？

◆社殿造営は七世紀から本格化

常設の社殿をもった神社の創建に言及する最古の文献は、『古事記』（七一二）と『日本書紀』（七二〇）になる。『古事記』は、第十一代垂仁《すいにん》天皇が出雲に「神宮」を造営させたと記し、『日本書紀』は、垂仁天皇二十五年に伊勢国に「祠」が建てられたと記す。それぞれ出雲大社・伊勢神宮の社殿の草創を示唆しているが、この時代の記紀の記述は伝説色が濃く、そのまま史実とは認めがたい。

ずっと時代が下って斉明《さいめい》天皇五年（六五九）、『日本書紀』によれば、天皇は出雲《いずもの》国造《くにのみやつこ》に神宮の修造を命じたという。これは出雲大社の社殿造営に言及したと考えられており、神社社殿造営に関する最古級の確実な記録とみられる。

さらに『日本書紀』によれば、天武天皇十年（六八一）、天皇は畿内・諸国に詔《みことのり》し、

◎神社の起源

縄文・弥生時代（5000年前～3世紀）	原始的な宗教的祭祀を行っていた？ 〔例〕三内丸山遺跡（青森県）、池上曽根遺跡（大阪府）
古墳時代（4～6世紀）	磐座《いわくら》祭祀の開始（社殿のない神社） 〔例〕大神神社（奈良県）、宗像大社（福岡県沖ノ島）
飛鳥時代（7世紀）	常設の社殿をもつ神社の誕生 〔例〕出雲大社の社殿造営（659年）、「天社・国社」の社殿造営命令（681年）

◎古代の神社

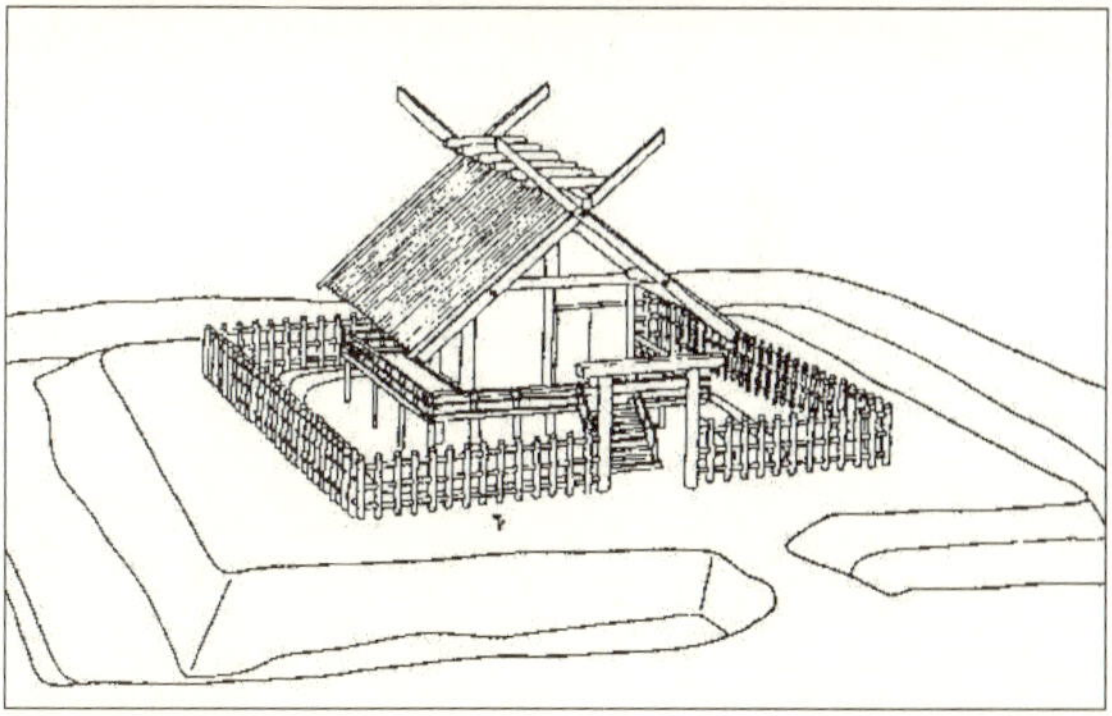

群馬県鳥羽遺跡（8世紀後半、奈良時代）に建っていたと推測される「神殿」の想像復原図（『群馬県埋蔵文化財調査事業団年報3』1984年）。原初の神社社殿の例のひとつか。

天社《あまつやしろ》・地社《くにつやしろ》の「神宮」を「修理」させた。「修理」には、修繕の意味とともに新造の意味もある。したがって、これは国家による神社社殿造営の命令とみられており、この記述を根拠に、以後、各地の有力な神社で次々に社殿が建設されるようになったとみるのが定説だ。七世紀から本格化する神社の社殿造営は、六世紀に仏教が伝来し、寺院の建立が盛んになったことが大きく影響していると考えられている。

古墳時代の遺跡からは、居住用ではなく「神殿」と推測されるものの遺構が発見されている。鳥取県長瀬高浜遺跡の掘立柱《ほったてばしら》跡などがその例だが、神殿として確証されているわけではない。また、奈良県の纒向《まきむく》遺跡から発掘された遺構（三世紀頃）は、天皇（大王）あるいは有力首長の宮殿跡と考えられているが、そこでは祭祀が行われていたとみられ、神社社殿のルーツのひとつと考えることも可能だろう。

◆四世紀には神社の原型が成立か

常設の社殿が設けられる前の、神マツリの「場」としての神社のルーツはどこまでさかのぼることができるだろうか。日本最古級の神社といわれる大神神社《おおみわ》（奈良県桜井市）のご神体である三輪山《みわやま》の山麓には、磐座《いわくら》を伴う祭祀遺跡が点在するが、そのうちのひとつの山ノ神遺跡からは四世紀後半のものとみられる銅鏡・勾玉《まがたま》などの祭祀遺物が出土している。また、やはり古い歴史を誇る宗像《むなかた》大社（福岡県宗像市）の沖津宮《おきつぐう》が鎮座する沖ノ島でも、磐座や鏡・玉などの遺物を伴う祭祀遺跡が確認されており、それは四世紀後半に成立したとみられている。したがって、**遅くとも古墳時代前期に属する四世紀には、原初的な神社がすでに成立していた**とみることができそうだ。

なお、縄文時代中期（五五〇〇～四〇〇〇年前）とみられる青森市の三内丸山《さんないまるやま》遺跡からは、等間隔で並ぶ巨大な柱穴が検出され、これを祭祀のための大型掘立建物跡と考える説がある。また、弥生時代中期（紀元前一世紀頃）の池上曽根《いけがみそね》遺跡（大阪府和《いず》泉《み》市）から発掘された大型建物跡についても、神殿と推定する説がある。さらに、境《けい》内《だい》から縄文・弥生時代の遺物が出土する神社は、全国に数多く存在する。これらの遺跡・遺物をただちに「神社」と直結させるのは早計だが、縄文・弥生時代の人々も何らかの宗教的祭祀を行っていて、後世そこに建てられた神社にそのいくばくかが継承されたとみることは、決して無謀なことではないだろう。

Q9 中国や朝鮮半島にも神社はあった？

◆用語としての「神社」「神宮」のルーツは中国

神社とは神道の宗教施設であり、神道とは日本の民族宗教であるという一般論に立てば、神社とはあくまでも日本固有のものであり、外国にルーツを求めるのは荒唐無稽だと思うのが至極当然だろう。しかし、日本が古来、大陸や朝鮮半島からの渡来文化に強く影響を受けていたことを思えば、「神社＝日本オリジナル」という図式を素直に受け止めるわけにはいかない。

例えば、神社・神宮という語に注目してみると、日本でこの言葉が最初に現れる文献は八世紀はじめに成立した『古事記』『日本書紀』である。しかし、中国では、すでにこれよりはるか以前にこの言葉が用いられていた。

まず神社についていうと、紀元前四世紀頃の成立と推定される『墨子《ぼくし》』「明鬼篇」

には、「斉国《せい》の神社で、男が一匹の羊を神に供え、誓いの儀式を行った」という話が載せられている。

神宮については、中国最古の詩集『詩経《しきょう》』の「閟宮《ひきゅう》」と題する神楽歌《かぐらうた》に対して二世

韓国慶尚北道安東《アントン》市にある三神堂。ケヤキの大木をご神木とする。「堂（タン）」は日本の神社と相関関係をもつとも考えられる。

大阪府枚方《ひらかた》市に鎮座する百済王《くだらおう》神社。7世紀に朝鮮半島の百済から渡来して日本に住み着いた、百済の王族・百済王《くだらのこにきし》氏の祖霊を祀る。

紀頃の後漢の学者鄭玄《じょうげん》が付した注に、「閟とは神なり。（周《しゅう》王朝の遠祖である）姜嫄《きょうげん》の神の依《よ》る所なるが故に、その廟《びょう》を神宮という」とある。つまり、王族の始祖・祖神を祀る宗教的施設（廟）のことを、古代中国では神宮と呼んでいたと推測することができる。また、朝鮮半島の新羅《しらぎ》では、伝説的な初代王赫居世《ヒョクコセ》を祀る廟は、五世紀には「神宮」と呼ばれるものになったという（『三国史記』）。なお、「神社」の日本の古訓のひとつに「かむこそ」があるが、コソを古代朝鮮語とみる説もある。

◆日本の神社に酷似した朝鮮半島の「堂」

もちろん、大陸で日本より古くから神社・神宮という語が用いられていたからといって、日本の「神社」をすぐさま外来のものと決めつけることはできない。「かみのやしろ」「かみのみや」という大和言葉に対して、漢字文化の流入後、類似した意味をもつと思われた「神社」「神宮」という字をあてるようになったと考えるのが、むしろ妥当だろう。ただし、**神社・神宮という語が、もともとは中国の宗教用語であったという事実は、等閑視すべきではない。**

　また、用語のレベルとは別に、日本の神社そのものの成立に影響を与えたとみられる古い民俗も大陸や半島にみられる。例えば、朝鮮半島の田舎に行くと、「堂《タン》」と呼ばれる聖地を見かけることがある。堂はその土地の神を祀るもので、神聖視される巨樹の前に祭壇をつくり、石垣で囲んだ程度のものが一般的で、木ではなく山や巨岩を神体視する堂もあるという。このような堂の民俗は、日本の神社を彷彿とさせるものがあり、ここに神社のルーツをみようとする研究者もいる。すでに触れた「廟」は、中国土着の信仰・宗教を集大成した道教《どうきょう》と密接な関連をもつもので、基本的には中国の神々・祖霊を祀る施設だが、これについても神社との影響関係を想定できよう。

　また、日本の古社には、大陸からの渡来人が創建したと伝わるものが少なくない。出石《いずし》神社（兵庫県豊岡市）は新羅出身の伝説的な渡来人天之日矛《あめのひぼこ》が将来した神宝を奉《ほう》斎《さい》したことにはじまるとされ、天之日矛が神宝とともに祭神に含められている。全国に分布する稲荷《いなり》社は渡来系氏族の秦《はた》氏が創祀《そうし》したものと考えられている。このように、**神社の原点を探ってゆくと、「東アジアの中の日本」という視点で俯瞰《ふかん》することも必要になってくる**のである。

Q10 社殿のルーツは古代の倉庫や宮殿？

◆社殿の古形は神明造りと大社造り

神社の社殿の形態には、いくつかのタイプがあるが、そのなかで最も古いと考えられているのは、伊勢神宮の正殿《しょうでん》（本殿）をモデルとする神明造《しんめいづく》りと、出雲大社の本殿をモデルとする大社《たいしゃ》造りである。

神明造りは、切妻《きりづま》造り・平入《ひらい》りで、屋根に反《そ》りがなく、建物の両外側にある棟持柱《むなもちばしら》、素木《しらき》造りといった点を特徴とする。とくに古代から式年遷宮が続けられてきた伊勢神宮の場合は、礎石を用いない掘立柱《ほったてばしら》、萱葺《かやぶき》屋根という原始的な建築様式を保持している。**このような神明造りの原型は、稲などを納める高床式の穀物倉庫だと言われている。**なお、神宝を納める倉庫をホクラ（神庫）といい、これがホコラ（祠）の語源とされているが、天照大神《あまてらすおおみかみ》の御霊代《みたましろ》である鏡を祀る伊勢神宮の正殿は、神宝を納める倉庫すなわち神庫の形式を受け継いでいるとも言えよう。

大社造りは切妻造り・妻入《つまい》りで、ほぼ正方形の平面構成をとり、部屋の中心に心御《しんのみ》柱《はしら》が立つ。**大社造りは古代の王宮や豪族の館を原型としていると考えられている。**

大陸から導入された寺院に対抗するようにして発展した神社建築には、古墳時代以来の日本固有の建築様式が息づいているのである。

Q11 天皇家は天照大神をいつから祀っていたのか？

✦太陽神崇拝は日本各地で行われていた

天照大神《あまてらすおおみかみ》といえば、太陽神であると同時に、伊勢神宮に祀られる皇祖神、すなわち天皇家・皇室の祖神であることは言うまでもない。記紀の天孫降臨神話は、アマテラスは天孫ニニギに御霊代《みたましろ》である宝鏡を授け、子々孫々日本を治めるよう神勅を下し、そして地上に降臨したニニギの子孫が初代神武《じんむ》天皇となったと伝えている。このようなことから、天皇家では往古からずっとアマテラスを奉じてきたと誰しもが思うところだが、意外にも、伝説と史実を切り離してよく調べてみると、確実な記録のうえでは、実際にアマテラスを天皇家で祀ったことは、奈良時代になるまではなかったと考えられるという。神話学者の松前健はこう記している。

「宮廷内に関係の深い神々の祭りを扱った『延喜式《えんぎしき》』の祝詞《のりと》にも、この神はほとんど

◎三輪山周辺の太陽祭祀関係神社

奈良の三輪山西麓は、ヤマト王権の発祥地とみられており、古墳時代から、天皇（大王）を祭主とする太陽祭祀が行われていたと考えられている。

◎『延喜式』に記載された日本各地の「アマテル」系神社

式内社名	現住所（比定地）
①阿麻氐留《あまてる》神社（対馬）	長崎県対馬市美津島町
②粒《いいぼ》坐《にます》天照《あまてらす》神社（播磨）	兵庫県たつの市龍野町
③天照《あまてる》玉《たま》命《のみこと》神社（丹波）	京都府福知山市今安
④天照《あまてらす》大神《おおみかみ》高座《たかくら》神社（河内）	大阪府八尾市教興寺
⑤鏡作《かがみつくり》坐《にます》天照《あまてる》御魂《みたま》神社（大和）	奈良県磯城郡田原本町八尾
⑥他田《おさだ》坐《にます》天照《あまてる》御魂《みたま》神社（大和）	奈良県桜井市太田
⑦木嶋《このしま》坐《にます》天照《あまてる》御魂《みたま》神社（山城）	京都市右京区太秦
⑧新屋《にいや》坐《にます》天照《あまてる》御魂《みたま》神社（摂津）	大阪府茨木市西福井

出てこない。わずかに祈年《きねん》祭と月次《つきなみ》祭の祝詞に、他の大勢の神々の名のあとで、付加的なかたちでこの神の名があげられているにすぎない」（『日本神話の謎』）

これはいったいどういうことか。平安時代前期までに編纂《へんさん》された『延喜式』「神名《じんみょう》帳《ちょう》」は、古代の主要神社の一覧表のような性格をもつが、これをみると、山城《やましろ》、大和《やまと》、摂津《せっつ》、丹波《たんば》、播磨《はりま》、対馬《つしま》などの各地に、天照御魂神《あまてるみたまのかみ》、天照玉命《あまてるたまのみこと》といった、アマテラスに似た（重なる）名前の神を祀る神社があったことがわかる。これらは、要するにアマテル＝太陽を神格化して祀っていた神社だったとみられ、**太陽神崇拝が天皇家に限定されるものではなく、日本各地で行われていた**ことを物語っている。

◆本来の皇祖神はタカミムスヒか

一方、古代の大和朝廷には、太陽祭祀を司《つかさど》る専門集団が置かれていたとみられている。例えば、『日本書紀』の敏達《びだつ》天皇六年（五七七）の条に「詔《みことのり》して日祀部《ひまつりべ》を置く」とあるが、この「日祀部」をそうした太陽祭祀集団と読み解く説がある。

また、敏達天皇は奈良の三輪山《みわやま》の西麓つまり大神《おおみわ》神社の西側付近である他田《おさだ》（奈良県桜井市）に宮都を営んだが、その付近には他田坐天照御魂《おさだにますあまてるみたま》神社が鎮座していて、この神社を日祀部の本拠地とみる説がある。この神社は現在は天照大神を祭神としているが、元来は「天照御魂」すなわち自然神としての太陽神アマテルを祀っていたのではないかとする指摘がある（筑紫申真『アマテラスの誕生』）。アマテルとは、言うなれば、皇祖神アマテラスが形成される以前の、古代日本人が素朴に自然神として信仰した「太陽のスピリット」、原始アマテラスだ。したがって、天皇・宮廷に仕える日祀部も、アマテラスではなくアマテルに対して祭祀を行っていたと考えられるという。

そして前出の松前によれば、テラスはテルの敬語法なので、アマテル神に特別な敬称をつけたのが、アマテラス大神と考えられるのだという。素朴な太陽神アマテルを皇祖神として展開させたのが、アマテラスというわけだ。この見方に立ってアマテラスと伊勢神宮との関係を考えてみると、伊勢にも元々土着のアマテル神が祀られていたが、後にこの神に皇祖神としての性格が与えられたため、アマテラス大神と呼ばれるようになった、とする説も成り立とう。また松前は、神話学の立場から、天皇家の本来の祖神は農耕・生産の神であるタカミムスヒだっただろうと論じている。

Q12 伊勢神宮ができたのはいつ？

◆諸説あって特定は容易ではない

伊勢神宮は「神宮」が正式名称で、内宮《ないくう》（皇大神宮《こうたいじんぐう》）と外宮《げくう》（豊受大神宮《とようけだいじんぐう》）から成るが、このうちの内宮の鎮座伝承については、『日本書紀』に詳しく書かれている。神武《じんむ》天皇以来、天照大神《あまてらすおおみかみ》の御霊代《みたましろ》である八咫鏡《やたのかがみ》は、天皇の御殿内に祀られていたが、第十代崇神《すじん》天皇のとき、天皇はその神威を畏れ、皇女豊鍬入姫命《とよすきいりびめのみこと》に天照大神すなわち神鏡を託し、大和《やまと》の笠縫邑《かさぬいのむら》（奈良県桜井市の檜原《ひばら》神社付近）に遷《うつ》し祀った。

次の垂仁《すいにん》天皇は天照大神を豊鍬入姫命から放《はな》って、新たに皇女倭姫命《やまとひめのみこと》に託した。倭姫命は、天照大神の鎮斎地《ちんさいち》を求めて、大和の宇陀《うだ》から近江《おうみ》、美濃《みの》をへて伊勢に至った。このとき天照大神は姫に「この神風の伊勢国は、常世《とこよ》の波の重波帰《しきなみよ》する国なり。傍国《かたくに》のうまし国なり。この国に居らむと欲《おも》ふ」と託宣したので、姫は伊勢国に社

（祠）を建てた。これが、八咫鏡をご神体とする伊勢神宮内宮の創祀とされている。

崇神・垂仁天皇の年代は、『日本書紀』の紀年を西暦にあてはめて計算すると紀元前一～後一世紀頃になるが、このような鎮座縁起をほぼ史実として受け止めている研究者はごく少数だ。伊勢神宮（内宮）の成立期については諸説あるが、代表的なものを挙げれば、**『日本書紀』の記述を信頼し、かつ崇神・垂仁の年代を三世紀後半～四世紀初頭に比定する説**（田中卓）、**推古《すいこ》朝（六世紀末～七世紀前半）とみる説**（津田左右吉）、**壬申《じんしん》の乱（六七二）以後の天武《てんむ》朝とみる説**（直木孝次郎）などとなる。また、『日本書紀』によれば、壬申の乱に勝利した天武天皇は、天武二年（六七三）に大来《おおくの》皇女《ひめみこ》を泊瀬《はつせ》に参籠《さんろう》させて心身を清めさせ、その約一年半後に伊勢へと出発させている。この「一年半」という期間に注目し、この間に伊勢に神聖な社殿が造営されたと考える説もある（新谷尚紀『伊勢神宮と三種の神器』）。なお、『続日本紀《しょくにほんぎ》』文武《もんむ》二年（六九八）条に「多気《たけ》の大神宮を度合《わたらい》郡に遷す」とあるが、この記述は、内宮は当初多気郡（南伊勢の宮川上流）に鎮座していたが、この年に度会（度合）郡、すなわち五十《い》鈴《す》《ず》川沿いの現在地に遷されたことを示すとみる説もあり、注目される。

Q13 出雲大社の本殿が巨塔だったというのはホント？

◆境内から発掘された巨大柱跡が示すものとは

約二四メートル（八丈）の高さをもつ出雲大社の現在の本殿は江戸時代の延享《えんきょう》元年（一七四四）に再建されたものだが、大社の創祀そのものの時期を歴史的にさかのぼることは、かなり難しい問題とされている。

社殿造営については、文献上では、『日本書紀』斉明《さいめい》天皇五年（六五九）の条の「出雲国 造《いずものくにのみやつこ》に命じて厳かなる神宮を修造させた」を初例とする。『古事記』の第十一代垂仁《すいにん》天皇段に「菟上王《うなかみのみこ》を出雲に戻し神宮を造らせた」とあるが、史実性は薄い。

いずれにしても、神話においては、出雲大社を示唆する大国主神《おおくにぬしのかみ》（オオナムチ）の宮殿について、「柱は高く大《ふと》し。板は広く厚くせむ」（『日本書紀』）、「底つ石根《いわね》に宮柱ふとしり、高天原《たかまのはら》に氷木《ひぎ》たかしりて（大地の岩盤に柱を太く立て、天空に千木《ちぎ》を高々とあげて)」(『古事記』)などと形容されていることから、記紀が編纂された八世紀はじめまでには、出雲の地に大国主神を祀る広壮な神殿が建っているという認識が、朝廷の人々にまで浸透していたと考えることができるだろう。

そして、**かつての出雲大社は、とてつもない高層建築だったと考えられている**。社伝によれば、最古の社殿は高さ三十二丈(約九六メートル)で、その後十六丈(約四八メートル)になったという。平安時代なかばの文献には、出雲大社は東大寺の大仏殿(十五丈)よりも高いと記すものがある。古代人の技術でそのような巨塔を建てるのは無理だという意見もあったが、平成十二年(二〇〇〇)、境内《けいだい》から三本の巨大な丸太を束ねた御柱と柱跡が発掘され、伝承にあるような高さをもつ構造物の存在を肯定する人が多くみられるようになった。ただし、発見された柱は十三世紀、鎌倉時代のもので、それをさかのぼる巨大神殿の遺構は境内地にまだ眠っていると考えられる。

ちなみに、記録によると、平安~鎌倉時代初期までのあいだに、五回も本殿の「顛《てん》倒《とう》」が繰り返されたという。これは、本殿があまりに高すぎたために、バランスを失って倒壊したことを指すのではないかと推定されている。

Q14 古代豪族と神社はどんな関係にあったのか？

◆有力氏族が祀る神社が氏神の原像

氏神《うじがみ》といえば、現代では、その土地に古くから祀られている神または神社の意にとられることが多いが、古くは、物部《もののべ》氏、蘇我《そが》氏、大伴《おおとも》氏といった有力豪族を含む日本各地の氏族が、それぞれに**祖神・守護神として祀る神あるいは神社を指した**（一族の初祖を神として祀る場合も含まれる）。そして日本各地には、古代以来、その氏族の本拠地（本貫《ほんがん》）やゆかりの地に、氏神を祀る神社がつくられていった。

例えば、蘇我氏の氏神とされる宗我都比古《そがつひこ》神社（奈良県橿原《かしはら》市）は、推古《すいこ》朝に、蘇我馬子が、始祖である蘇我石川宿禰《そがのいしかわのすくね》夫妻《ふさい》（曾我都比古神・曾我都比売《ひめ》神）を祀るために、蘇我氏発祥の地のひとつとされる曾我に創建したものと伝わる（異伝もある）。また、石上神宮《いそのかみじんぐう》（奈良県天理市、祭神＝布都御魂大神《ふつのみたまのおおかみ》）は物部氏の氏神とされるが、

◎古代豪族と氏神

豪族・氏族名	氏神:神社名／祭神名
物部氏《もののべ》	石上《いそのかみ》神宮（奈良県天理市）／布都御魂大神《ふつのみたまのおおかみ》
蘇我氏《そが》	宗我都比古《そがつひこ》神社（奈良県橿原市）／曾我都《そがつ》神
藤原氏	春日大社（奈良市）／天児屋根命《あめのこやねのみこと》
安曇《あずみ》氏	穂高《ほたか》神社（長野県安曇野市）／穂高見神《ほたかみのかみ》
阿蘇《あそ》氏	阿蘇神社（熊本県阿蘇市）／健磐竜命《たけいわたつのみこと》
多《おお》氏	多神社（奈良県田原本町）／神八井耳命《かむやいみみのみこと》
大伴《おおとも》氏	住吉《すみよし》大伴神社（京都市）／天忍日命《あめのおしひのみこと》・道臣命《みちのおみのみこと》
息長《おきなが》氏	山津照《やまつてる》神社（滋賀県米原市）／山津照神
越智《おち》氏	大山祇《おおやまづみ》神社（愛媛県今治市）／大山積《おおやまづみ》神
賀茂氏（大和）	高鴨《たかかも》神社（奈良県御所市）／味鉏高彦根命《あじすきたかひこねのみこと》
紀《き》氏	平群坐紀氏《へぐりにいますきのうじ》神社（奈良県平群町）／都久宿禰《つくのすくね》
毛野《けの》氏	赤城《あかぎ》神社（群馬県前橋市）／豊城入彦命《とよきいりひこのみこと》
佐伯《さえき》氏	雄山《おやま》神社（富山県立山町）／雄山神
秦《はた》氏	松尾《まつのお》大社（京都市）／大山咋神《おおやまくいのかみ》
宗像《むなかた》氏	宗像大社（福岡県宗像市）／宗像三神
東漢《やまとのあや》氏	於美阿志《おみあし》神社（奈良県明日香村）／阿知使主《あちのおみ》

秦氏の氏神である
京都の松尾大社。

伝承によると、物部氏の遠祖宇摩志摩治命《うましまじのみこと》は神武《じんむ》天皇から、東征の折に天《あま》つ神《かみ》から授けられた神剣を布都御魂神として奉斎するよう命じられ、崇神《すじん》朝のとき、物部《もののべの》伊香色《いかがしこ》雄《お》が勅により、神剣を宮中から石上布留高庭《いそのかみふるのたかにわ》に遷《うつ》して祀った。これが石上神宮の創建だという。また、物部氏が古くから居住していたとみられる生駒山《いこまさん》西麓には、神武天皇の時代に創建されたと伝わる、物部氏の祖神饒速日尊《にぎはやひのみこと》とその子宇摩志摩治命を祀る、石切剣箭《いしきりつるぎや》神社（大阪府東大阪市）が鎮座している。

このほかにも、安曇《あずみ》氏の穂高《ほたか》神社（長野県安曇野市、祭神＝穂高見神《ほたかみのかみ》・綿津見神《わたつみのかみ》ほか）、藤原氏の春日大社（奈良市、祭神＝武甕槌命《たけみかづちのみこと》・経津主命《ふつぬしのみこと》・天児屋根命《あめのこやねのみこと》ほか）など、氏神を祀る神社は、全国に数多くの例がみられる。

◆祖先の墳墓や葬地が氏神になったケースも

石上神宮の縁起からもわかるように、**必ずしも「氏神＝祖神・祖先」ではない**。秦《はた》氏は家伝では祖先を秦《しん》の始皇帝《しこうてい》とするが、八世紀初頭に秦氏によって京都に創建された松尾大社《まつのおたいしゃ》の大山咋神《おおやまくいのかみ》を総氏神としている（伏見稲荷《ふしみいなり》大社の稲荷神も、秦氏の氏神的側面をもつ)。大山咋神は古くから松尾山で祀られていたとみられる神で、のちにこの地域を開拓した秦氏がこの神を氏神として仰いだものと考えられる。藤原氏の場合、天児屋根命は祖先神、武甕槌命・経津主命は守護神という位置づけになっている。

また、『常陸国風土記《ひたちのくにふどき》』には、「行方郡《なめかた》の箭括氏《やはずのうじ》の麻多智《またち》は谷の葦原を開墾して田をつくったが、蛇の夜刀神《やとのかみ》が邪魔をしたので、山と田の境に杭を打ち、『ここから上は神の世界、下は人の世界とする。永く敬い祀るから、どうか祟《たた》らないでくれ』と告げた。麻多智は社を建て、子孫がこれを受け継いで祭りを行っている」という記述がある。この場合は、土地の豪族である麻多智が、夜刀神という地霊を氏神化したととらえることもできよう。また、息長《おきなが》氏の氏神山津照《やまつてる》神社(滋賀県米原《まいばら》市)は神社境内から息長氏の祖先が被葬者と考えられる古墳が発見されているが、このように、**有力豪族の墳墓が神聖視されて氏神へと変容していったケースもあった**と考えられる。

氏神では「氏神の祭り」が執り行われたが、その際には氏族の首長である氏上《うじのかみ》が祭主となるのが原則で、その氏族が衰退しても、子孫はその神社を奉祀しつづけて宮司《ぐうじ》家として残った場合も多い。

Q15 神主は世襲だったのか？

◆祭神の末裔とされた神職たち

常設の社殿をもたず、神マツリの時にだけ仮殿が設けられるような原初の神社では、祭祀や運営に専従する神職はさして必要ではなかっただろう。しかし、神社に社殿が常設され、祭祀が盛行するようになると、専従の神職が必要となってくる。そして、神職は世襲されるのがふつうで、**特定の神社の神職を世襲する家柄を、社家《しゃけ》と呼ぶ。**社家はその神社の祭神の神裔《しんえい》とされている場合が多い。

大神神社《おおみわ》（奈良県桜井市）の境内に鎮座する摂社若宮社《せっしゃわかみや》（大直禰子神社《おおたたねこ》）の境内《けいだい》からは、古い寺院の遺構の他に、七世紀代の大型建物の遺構が発見されていて、これは大神神社に奉仕した大神氏（三輪氏《みわ》、大三輪氏）の居宅だったとみられている。つまり、七世紀頃に三輪山の祭祀形態が確立し、祭祀を司《つかさど》っていた大神氏の神職としての地位が安定したとみることができる。『日本書紀』によれば、大神氏（三輪氏）の祖である大田田根子《おおたたねこ》は、三輪山の神である大物主神《おおものぬしのかみ》の神裔であり、大物主神自ら大田田根子に祀らせるよう崇神《すじん》天皇に託宣したという。このような伝承にもとづき、大神氏の子孫は神主として大神神社に代々奉仕したのである。

　この他に社家の例としては、伊勢神宮の内宮《ないくう》の荒木田《あらきだ》氏、外宮《げくう》の度会《わたらい》氏、春日大社の大中臣氏・中臣氏などが挙げられる。

　また、古代、朝廷に服属して祭祀と行政を担った地方首長を国造《くにのみやつこ》といい、各地域の有力豪族が多くこれに任じられた。平安後期からは国造の地位は形骸化し、名誉職的なものとなっていったが、なかには祭祀に専従し、各地域の有力神社の社家として存続したケースもあった。出雲大社の出雲臣《いずものおみ》氏（出雲国造家《いずもこくそう》）、阿蘇神社の阿蘇氏、宇佐《うさ》八幡宮《はちまんぐう》の宇佐氏などがそれで、現代まで継承されているところもある。

　しかし、**明治維新後の明治四年（一八七一）、政府により神職の世襲が禁止され、多くの社家は窮地に陥った。**これは、神社はすべて国家が管理するという方針に則《のっと》ったものだった。だが、昭和戦後からは世襲が再び見られるようになっている。

Q16 なぜ伊勢神宮と賀茂神社には未婚の皇女が仕えたのか？

◆伊勢神宮で天照大神に仕えた斎宮

伊勢神宮の内宮《ないくう》は、垂仁《すいにん》朝に皇女倭姫命《やまとひめのみこと》が伊勢国に天照大神《あまてらすおおみかみ》を祀る祠を建てたことにはじまるという鎮座伝承にはすでに触れたが（52ページ）、伝承によれば、倭姫命は以後終生伊勢に留まって天照大神に仕え、さらに彼女の没後は、未婚の皇女が伊勢に住んで神に仕えることがならいになったという。このような**伊勢神宮に奉仕した未婚の皇女のことを、斎王《さいおう》（「いつきのみこ」とも読む）、または斎宮《さいくう》（いつきのみや）と言う**。斎宮はもとは斎王が住んだ宮を指した語だが、転じて斎王その人をも指すようになった。伊勢神宮では、崇神《すじん》朝に天照大神を宮中から大和《やまと》の笠縫邑《かさぬいのむら》に遷《うつ》した豊鍬入姫命《とよすきいりびめのみこと》を初代斎宮、伊勢にたどり着いた倭姫命を二代斎宮としているが、彼女たちはあくまでも伝説上の存在で、実際に斎宮の制度が整って継続的に置かれる

◎斎宮の群行・帰京ルート

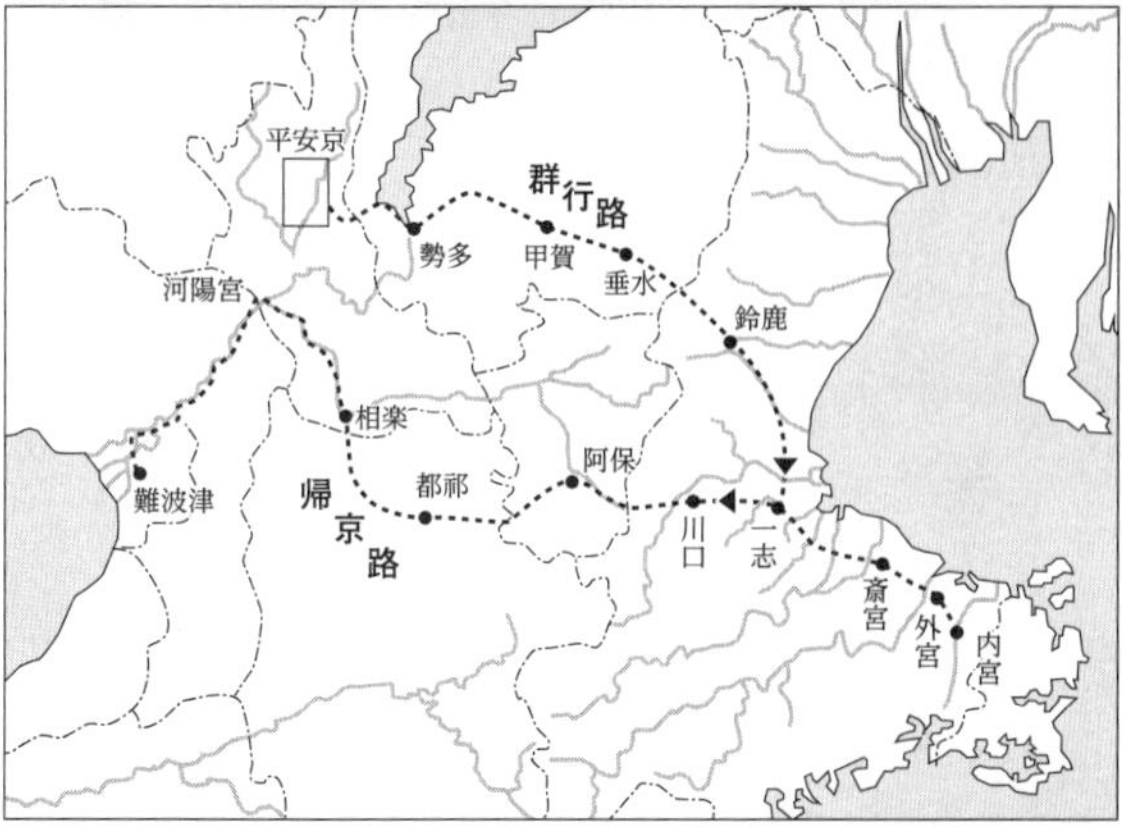

平安時代の斎宮の群行（伊勢への下向）と帰京のルート。任を解かれるのは天皇の譲位・崩御、斎宮の病気などに限られ、天皇譲位の場合は往路と同じルートをたどったが、不幸（凶事）が理由の場合は、伊賀・大和路を通り、難波津（大阪湾）で禊を行ってから入京した。

◎初期の著名な斎宮

斎宮名	在任期間	退下理由	在任時の天皇
大来《おおく》皇女（天武天皇皇女）	673～86年	事故	天武
井上《いのえ》内親王（聖武天皇皇女）	721～46年	不明	元正・聖武
恬子《やすこ》内親王（文徳天皇皇女）	859～76年	天皇譲位	清和
雅子《がし》内親王（醍醐天皇皇女）	931～35年	母死去	朱雀
徽子《よしこ》女王（重明親王の娘）	936～45年	母死去	朱雀
当子《まさこ》内親王（三条天皇皇女）	1012～16年	天皇譲位	三条
良子《ながこ》内親王（後朱雀天皇皇女）	1036～45年	天皇譲位	後朱雀

ようになったのは、伊勢神宮が国家の宗廟《そうびょう》として整備された、七世紀後半の天武《てんむ》・持《じ》統《とう》天皇の時代からとみるのが定説だ（十四世紀に廃絶）。

斎宮は原則として、天皇の即位にあたり、天皇の娘もしくは姉妹である内親王《ないしんのう》から占いによって選ばれたが、親王の娘である女王が選ばれることもあった。平安時代の例をみると、選定された斎宮は、まず宮中内に設けられた初斎院《しょさいいん》に、翌年七月に宮外の野宮《ののみや》に、それぞれ入って身を清めて過ごす。さらに翌年の九月、天皇に別れのあいさつをしてから都を出て、いよいよ伊勢に向かった。

伊勢では多気《たき》郡の祓川《はらいがわ》のほとりの「斎宮」を御所とした。ここは五十鈴《いすず》川のほとりにある内宮からは十キロ以上も離れているので、「当初は五十鈴川沿いにあったが、後に遷されたのではないか」とする説があるが、実証はされていない。また、伊勢の斎宮といっても、実際に彼女が神宮で神事を行うのは、六月・十二月の月次《つきなみ》祭と九月の神嘗祭《かんなめさい》の年三回だけで、しかも庭前に太玉串を捧げて拝礼するだけだった。そして、斎宮は天照大神の「御杖代《みつえしろ》」と呼ばれながらも、神宮祭祀の最も重大な秘儀は、大物《おおもの》忌《いみ》という童女によって執り行われた。このような事実は、伊勢では古くからローカルな太陽神が祀られて土着の祭祀が行われており、この太陽神が皇祖神とされたために天皇の名代として朝廷から斎宮が派遣されたが、しかし外来者であったために祭祀の核心には関われなかった——という経緯を示唆しているとする解釈もある。

✪賀茂神社に仕えた斎院

一方、**京都の賀茂《かも》神社（上賀茂《かみがも》神社・下鴨《しもがも》神社）には斎院《さいいん》または斎王《さいおう》、阿礼乎止女《あれおとめ》と呼ばれる未婚の皇女が奉仕した。**九世紀の嵯峨《さが》天皇皇女有智子《うちこ》内親王が初代で、十三世紀初頭に廃絶した。藤原薬子《くすこ》の変に際して嵯峨天皇が賀茂神社に勝利を祈願し、乱の平定後、その返礼として皇女を奉ったのがきっかけとする説が有力だが、賀茂神社が平安時代に入り王城鎮護の社として朝廷に優遇されたことが大きく影響しているようだ。斎院も卜定《ぼくじょう》ののち三年間の厳しい潔斎《けっさい》を要したが、賀茂神社に参入するのは賀茂祭などの国家的な祭祀時のみで、ふだんは紫野《むらさきの》の「斎院」を居所とした。

斎宮や斎院は古代祭祀を司《つかさど》った巫女《みこ》の系譜を継ぐものといえるが、同時に、皇女が有力神社の国家的な祭祀に関わることで、王権は権威を強化することができたのだ。

Q17 朝廷専用の神殿を兼ねた役所「神祇官」とは？

◆都に置かれた天皇家の神棚

古代日本の朝廷には、神祇官《じんぎかん》という神殿を兼ねた役所が置かれ、全国の神社と祭祀を統制した。七世紀後半の天武《てんむ》・持統《じとう》天皇によって整備された律令《りつりょう》制度のもとではじまったもので、現存最古の律令集『養老律令《ようろうりつりょう》』（七一八）中の神祇祭祀の基本を定めた「神祇令」には、「およそ天神地祇《あまつかみくにつかみ》は神祇官、皆、常典《つねののり》（常に変わらない規則）によりてこれを祭れ」と記されていて、これに先行する持統朝の律令（飛鳥浄御原《あすかきよみはら》令《りょう》）にも同様の令文が存在していたと推定されている。神祇官の長官は伯《はく》といい、次官には大副《たいふ》と少副《しょうふ》があり、その下に神部《かんべ》・卜部《うらべ》と呼ばれる役人たちがいた。またそれ以外に、御巫《みかんなぎ》という実際に祭祀に奉仕する巫女《みこ》たちもいた。伯や大副・少副などの要職は、中臣《なかとみ》氏・卜部《うらべ》氏など、古くから宮廷祭祀に関わっていた氏族が世襲した。

神祇官は平安時代には大内裏《だいだいり》に置かれ、東院と西院に分かれていた。東院は役人たちの事務所であり、西院には八神殿《はっしんでん》や御幣殿《ごへいでん》などが建ち、祭りや儀式は西院の広場で執り行われた。八神殿は八柱の宮廷の守護神（神産日神《かみむすひのかみ》・高御産日神《たかみむすひのかみ》・玉積産日神《たまつめむすひのかみ》・

◎神祇官の内部

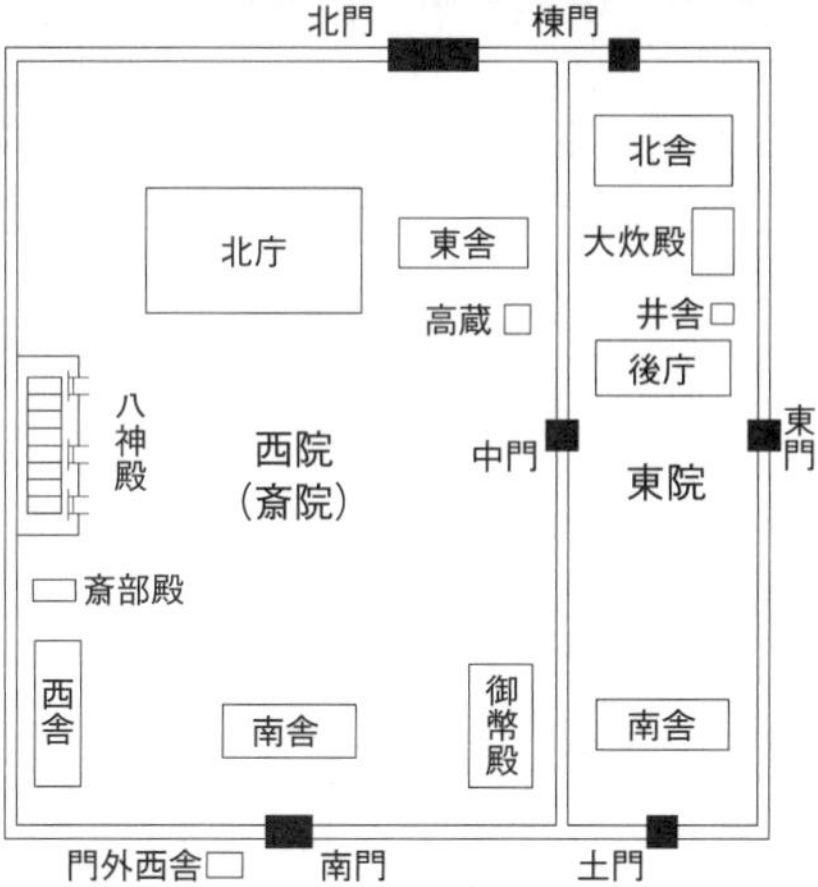

神祇官は平安京大内裏の東南隅にあった。官人たちの事務所である東院と、祭祀の庭である西院から成る（裏松固禅『大内裏図考証』江戸時代後期、を参考に作成）。

生産日神《いくむすひのかみ》・足産日神《たるむすひのかみ》・大宮売神《おおみやのめのかみ》・御食津神《みけつかみ》・事代主神《ことしろぬしのかみ》）を祀る神殿で、いわば天皇家の神棚である。ただし、この八神のなかに天照大神《あまてらすおおみかみ》は含まれていない。

神祇官の任務のまず第一は、皇祖神であり国家の最高神である天照大神を祀る伊勢神宮の監督である。神宮の主要祭祀には、勅使に随行して次官らが派遣され、朝廷からの幣帛《へいはく》（絹・麻などの神への供え物。幣物《へいもつ》）を供えた。これを奉幣《ほうへい》という。また、神宮の神職の長である祭主は、神祇官次官の大副が兼務することになっていた。

✪祈年祭では全国の神社の神職が集合

次に重要な職務は宮中祭祀の執行で、とくに重要な祭りは、豊作祈願である二月の祈年祭《きねんさい》、六月・十二月の月次祭《つきなみさい》、収穫祭である十一月の新嘗祭《にいなめさい》だ。月次祭と新嘗祭では、西院・東院とは別の建物である中和院の神嘉殿《しんかでん》で、天皇みずから神事を行った。

祈年祭では、神祇官の西院に全国の神社の神職が集められ、祝詞《のりと》をあげたのち、「班幣《はんぺい》」の儀式が行われた。班幣とは「幣帛を班《わか》つ」ことで、神祇官は、御幣殿に納められていた神々への供え物である幣物を諸社の神職たちに配布する。これは伊勢神宮に対する奉幣とは逆の概念で、神祇官の班幣には、「朝廷が授ける幣帛を持ち帰り、それぞれの神社・祭神に供えて祀れ」という意図があったとみられている。

また、新嘗祭の前夜に行われた十一月の鎮魂《ちんこん》祭も重要で、西院の祭場では御巫や神部たちが「天《あま》の岩戸開《いわとびら》き」神話をモチーフにしたとみられる神楽《かぐら》を舞うが、これは天皇の健康を祈願する、一種の呪術であると考えられる。

全国の神社の神職（祝部《はふりべ》）や神戸《かんべ》（朝廷から大きな神社に与えられた領民）の台帳の管理など、神祇行政全般も、神祇官の重要な職務だった。

祈年祭班幣については、全国の諸神や在地の神社に奉祀する地方豪族を天皇に服属させることを目的に案出されたものとみる説（井上光貞『日本古代の王権と祭祀』）のほかに、天皇は他の氏族が奉祀する神社・神、すなわち天照大神以外の神を直接祀ってはならないというタブーがあったために、間接的な神社祭祀として行われたのではないかとみる説（岡田荘司編『日本神道史』）もある。神祇官は律令制度の崩壊とともに変質し、祭祀は形骸化していったが、**古代、全国の神社を統制した神祇官は、国家が天皇を頂点として地方を統治するうえで、重要な役割を果たしたのである。**

Q18 なぜ朝廷は神社にランク付けをしたのか？

◆社格に応じて祭祀の供物の品目・量が決まった

古来、神社にはランク付けがなされていた。神社のランクを「社格」という。『日本書紀』崇神《すじん》天皇七年十一月の条に、「天社《あまつやしろ》・国社《くにつやしろ》」を定めたとある。この記述は、全国の神社を天《あま》つ神《かみ》を祀る天社と、国《くに》つ神《かみ》を祀る国社に分けたことを指すとされ、これを社格のはじまり、もしくは社格の前身とする説もあるが、神話的な記述であり、そのまま史実とみなすことは難しいだろう。

国家や朝廷による社格が明確な姿をとるようになったのは、やはり律令《りつりょう》制度が整備され、神祇官《じんぎかん》が機能しはじめた七世紀後半の天武《てんむ》・持統《じとう》朝からと考えられている。まず、天皇による豊作祈願である祈年《きねん》祭の折に神祇官から幣帛《へいはく》を授けられる神社、すなわち班幣《はんぺい》の対象となった神社は、官社《かんしゃ》と呼ばれた。官社とは、古代日本において、

◎神社の社格ピラミッド

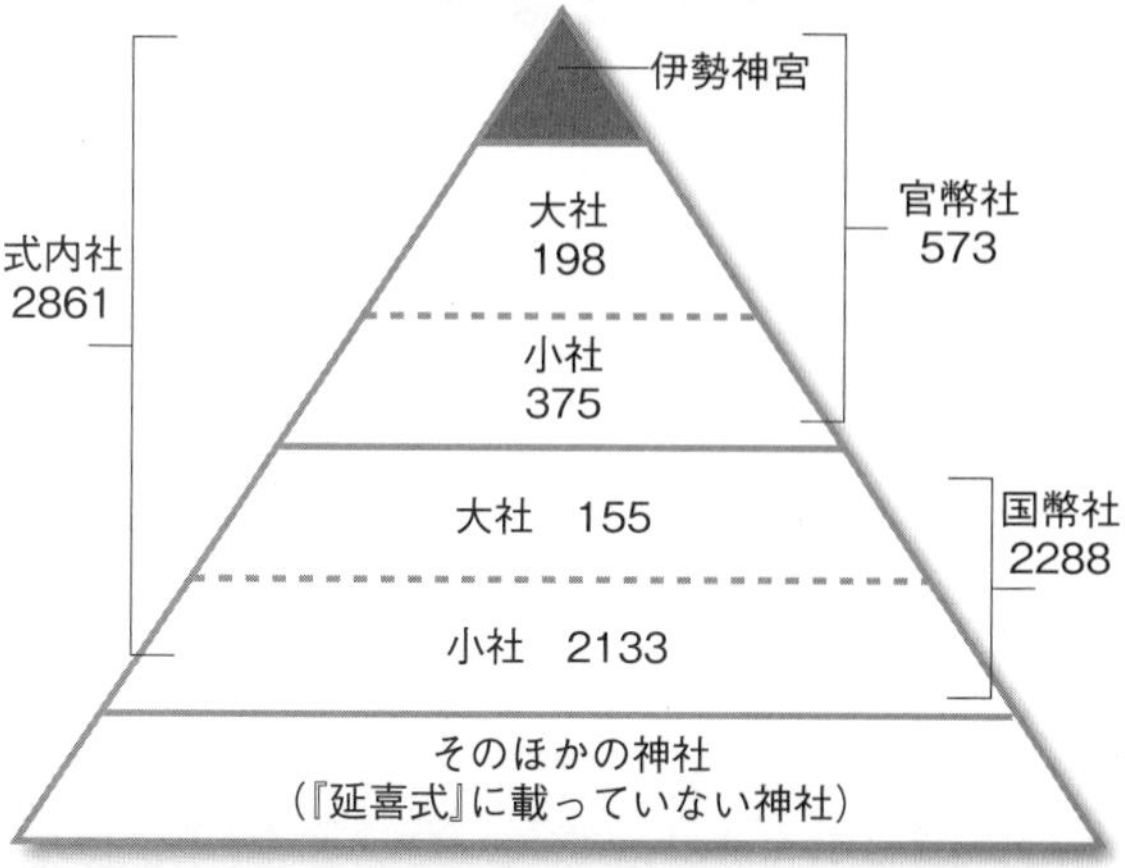

案の上に置かれた幣物としての玉串。古代には、絹・麻・木綿などの「幣帛」が神に捧げられ、社格によってその品目や量に差があった。

国家祭祀の対象となった神社、その存在を国家的に認められた神社だといえるが、ただし、必ずしも国家が設置した神社というわけではなく、既存の各地の豪族が祀っていた神社から選定されたとみるべきだろう。

しかし、平安時代に入ると、班幣のたびに神職が遠国《おんごく》から上京するのが困難だったせいもあり、神祇官から直接幣帛を受けるのではなく、神祇官に代わってその神社が鎮座する国の国司《こくし》（朝廷から派遣された地方行政官）から幣帛を受ける方式も採られるようになった。そこで、祈年祭のとき、都で神祇官から班幣に与る神社を官幣社《かんぺいしゃ》、在地で国司から班幣に与る神社を国幣社《こくへいしゃ》と呼んで区別するようになった（官幣社は祈年祭以外の重要祭祀でも班幣された）。延暦十七年（七九八）からのことである。

官幣社は、さらに案上《あんじょう》官幣社＝大社と、案下《あんげ》官幣社＝小社に分けられた。案とは神への供物が置かれる机のことで、大社とは「幣物《へいもつ》を案の上に奉られる神（神社）」、小社とは「幣物を案の下に奉られる神（神社）」ということである。同様に、国幣社にも大社・小社の別が設けられた。そして、これらの社格により、祈年祭の幣帛の品目や数量に、差が設けられたのである。また、官・国幣社の大社のなかで、「名神《みょうじん》」

と讃えられた霊験《れいけん》あらたかな神を祀る神社は、名神《みょうじん》大社と呼ばれ、雨乞いや戦乱平定などのために朝廷によって特別に奉幣《ほうへい》祈願が行われた。

◆神社の階層は天皇を頂点とする古代日本社会の反映

平安時代中期に編纂された全国の官社一覧としての性格をもつ『延喜式《えんぎしき》』「神名帳《じんみょうちょう》」（次項参照）によると、官社の総数は二八六一社で、これらの神社を『延喜式』に記載された神社ということでとくに式内社《しきないしゃ》と呼ぶ。このうち官幣社は全体の約二割にあたる五七三社で、さらにこのうち官幣大社は一九八社。国幣社は二二八八社で、国幣大社は一五五社。また、名神大社の総数は二八五だ。もちろん、これらのほかに、官社に属さない神社も多数存在していた。

このような古代の社格制度によって、**神祇官が奉幣する伊勢神宮を頂点とし、その下に幣帛を下賜する官幣大社・小社、国幣大社・小社、その他の小さな神社と続く、神社の階層が形成された。**このピラミッドは、天皇を頂点とし、中央貴族たちがその下に続いて全国を統治する、律令制下の古代日本の姿をそのまま反映している。

Q19 『延喜式』「神名帳」って何？

◆古代の有力神社に関する貴重な記録

神社のことを調べていると、よく「式内社《しきないしゃ》」という言葉に遭遇するが、これは前述したように、『延喜式《えんぎしき》』「神名帳《じんみょうちょう》」、正確には『延喜式』という書物に収載される「神名帳」に記載された神社のことで、平安時代前期までに官社として国に認定されていた神社であることを意味している。『延喜式』に記載のない神社は式外社《しきげしゃ》と呼ぶ。

『延喜式』とは、一口にいえば、古代の法典である。日本では、七世紀後半から律《りつ》（刑法）・令《りょう》（国家の基本法）の編纂が進められて律令制が整備されていったが、大宝《たいほう》元年（七〇一）に『大宝律令』が完成すると、律令制が全国的に施行された。その後、律令の施行細則をまとめたものが作られ、これを「式」と呼んだ。最初の式は弘仁《こうにん》十一年（八二〇）に完成した『弘仁式《こうにんしき》』である。その後、これを増補した『貞観式《じょうがんしき》』が

◎式内社の分布

多い国

1	大和国	286座
2	伊勢国	253座
3	出雲国	187座
4	近江国	155座
5	但馬国	131座
6	越前国	126座
7	山城国	122座
8	尾張国	121座
9	河内国	113座
10	陸奥国	100座

少ない国

1	薩摩国	2座
2	志摩国	3座
2	安芸国	3座
4	肥前国	4座
4	肥後国	4座
4	筑後国	4座
4	日向国	4座
8	長門国	5座
8	大隅国	5座
8	上総国	5座

*式内社は畿内に圧倒的に多いが、壱岐二十四座、対馬二十九座、伊豆国九十二座のように、地方でありながら、式内社が目立つところもある。

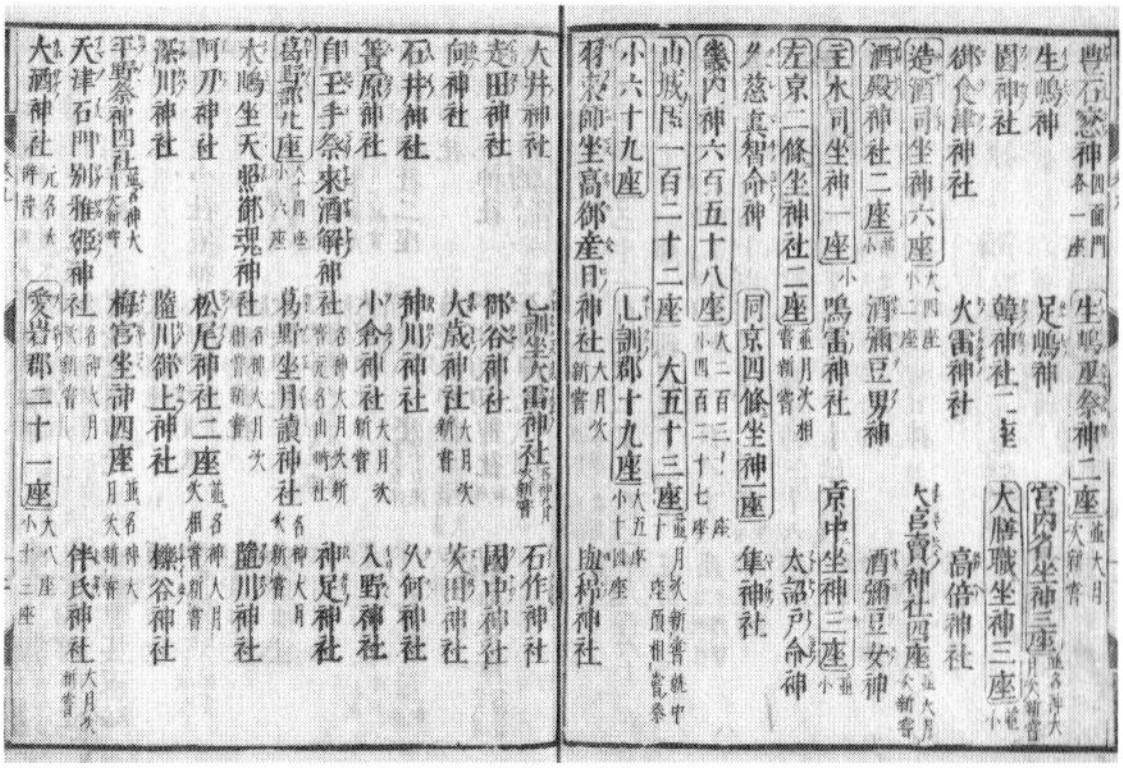

『延喜式』(江戸時代の刊本)第9巻の「神名上」より。「宮中神」と「山城国」の式内社を記した箇所(国立国会図書館蔵)。

作られ、さらに『弘仁式』と『貞観式』をまとめて増補したのが『延喜式』である。全五十巻の『延喜式』は、延喜五年（九〇五）に編纂が開始され、延長五年（九二七）に完成、さらに修訂が加えられて康保《こうほう》四年（九六七）に施行された。

『延喜式』の巻一～巻十は神マツリに関することを収録した「神祇式《じんぎしき》」である。このうちの巻九が「神名上」、巻十が「神名下」と題され、神祇官が管轄する諸国の神社（官社）の名称が地域ごとに区分けされて列記されたものであることから、あわせて「神名式」と呼ばれ、それがやがて「神名帳」とも呼ばれるようになったのである。

「神名帳」の冒頭には「天神地祇《あまつやしろくにつやしろ》總《すべ》て三千一百三十二座／社二千八百六十一処」と書かれているが、これは総計で祭神数では三一三二座が、神社の数では二八六一社が挙げられているという意味である。神社の数より祭神の数が多いのは、一つの神社で複数の神を祀っているところがあるからである。

◆神祇官の役人のための台帳だった

そして、宮中・京中・畿内・東海道……といった順で、諸国に鎮座する官社が記載されている。例えば、宮中の項の冒頭では、「神祇官の西院」に祀られる神として、神産日神《かむむすひのかみ》、高御産日神《たかみむすひのかみ》ほか、総計二十三座の神が列挙されている。

ただし、宮中・京中の項を除くと、それぞれ各国の郡単位で神社名を記載し、大社・小社の別と祭神の座数、幣帛《へいはく》を受ける祭祀の別を注記するのが基本で、各神社の祭神名や由緒などには触れていない。これは、神祇官が各国の官社の神職に班幣《はんぺい》（伊勢神宮に対しては奉幣《ほうへい》）を行う際、幣帛の品目と数量は、祭神名ではなく、大社・小社の別や祭神の座数によって異なったためだろう。つまり、**神祇官のための班幣（伊勢神宮に対しては奉幣）の台帳というのが、そもそもの「神名帳」の用途だった。**もっとも、『延喜式』が施行された頃には、班幣制度は有名無実化しつつあった。

式内社の分布をみると、畿内からは数多くの神社が選ばれているが、都から離れた遠国では数は少なく、その国や郡を代表するような有力な神社に限られている。

平安時代後半以降の班幣や官社の形骸化とともに、「神名帳」も本来の役割を失ったが、「式内社」という呼び方は一種の社格として残り、現代でも式内社だった神社は由緒ある神社として尊重されるが、廃絶して所在地すら不明となった式内社もある。

Q20 伝来した仏教は神社にどんな影響を与えたのか？

◆仏は神様のニューフェースととらえられた

『日本書紀』によれば、仏教が朝鮮半島の百済《くだら》から伝来したのは、欽明《きんめい》天皇十三年（五五二）である。このとき、百済の聖明王《せいめいおう》は金銅の釈迦像一体と幡蓋《はたきぬがさ》、経論《きょうろん》を天皇に贈った。これを仏教公伝という（現在では、『元興寺縁起《がんごうじえんぎ》』や『上宮聖徳法王帝《じょうぐうしょうとくほうおうてい》説《せつ》』の記述にもとづき、仏教公伝を五三八年とする説が有力）。

仏像を目にした天皇は群臣たちに「異国が奉った仏の顔は端麗である。仏を拝むべきだろうか」と問うと、大臣《おおおみ》の蘇我稲目《そがのいなめ》は「異国でも信仰されています。わが国のみ背くことができましょうか」と答えて崇仏《すうぶつ》を主張した。一方、大連《おおむらじ》の物部尾輿《もののべのおこし》と中《なか》臣鎌子《とみのかまこ》は、「わが国の天皇は、いつも神々を祀ることにつとめてまいりました。今改めて蕃神《あだしくにのかみ》を拝すれば、国神《くにつかみ》の怒りを受けるでしょう」と主張し、排仏の立場を表明した。このように意見が分かれると、天皇は崇仏派の蘇我稲目に仏像を授け、稲目は私邸を寺として仏像を礼拝した。すると、疫病がはやり、多くの人々が命を失う。これを崇仏のせいとみなした尾輿と鎌子は、天皇の許しを得て、仏像を難波《なにわ》の堀江《ほりえ》に流し棄て、寺を焼いた。すると今度は、風雲もないのに天皇の宮殿が炎上した。

この後も、崇仏派の蘇我氏と排仏派の物部・中臣氏の抗争対立が続くが、用明《ようめい》天皇二年（五八七）に蘇我氏が物部氏を滅ぼしたため、排仏派は完全に敗北した――と『日本書紀』は記す。仏教受容をめぐるこれらの記事に対しては、近年、中国の仏教関係典籍などをもとに述作された可能性が指摘されているが、しかし、仏が「蕃神」と呼ばれていることは目をひく。**仏教の伝来当初、仏は新来の神ととらえられ、**下手《へた》に棄てれば、従来の日本の神々と同様、祟《たた》りを起こすとも信じられたのだ。

また、敏達《びだつ》天皇十三年（五八四）に善信尼《ぜんしんに》ら三人の女性が出家して、日本初の出家者となったが、彼女たちは、仏という神に仕える一種の巫女《みこ》とみなされたのではないかと指摘されている。そして、大陸伝来の建築技術にもとづいて次々に建立されていった氏寺《うじでら》が刺激となって、神社社殿の造営が本格化したとも考えられているのだ。

Q21 なぜ神社にお寺が建てられたのか?

◆「神身離脱」を願う神々のために建てられた神宮寺

仏教は六世紀に伝来すると、軋轢《あつれき》を生みながらも蘇我《そが》氏を中心に徐々に浸透し、七世紀前半には、舒明《じょめい》天皇によって日本最初の官立寺院百済大寺《くだらのおおでら》が建立された。一方、壬申《じんしん》の乱(六七二)後の七世紀末になると、神社に常設の社殿が建つようになり、律令《りつりょう》制の整備にともなって、朝廷を中心とした神社祭祀制度が確立されていった。この時点では、寺院に祀られる仏と、神社に祀られる神は、ある種の競合関係にあった。

ところが、八世紀の奈良時代に入ると、仏と神の関係に異変が生じる。神社の近辺にあえて寺院が建設されるようになったのだ。これを神宮寺《じんぐうじ》という。気比《けひ》神宮(福井県敦賀市)、若狭彦《わかさひこ》神社(福井県小浜市)、伊勢神宮、鹿島神宮(茨城県鹿嶋市)などには、この時代に神宮寺が創建されたとみられている(伊藤聡『神道とは何か』)。

◎神仏習合の展開

[飛鳥時代]
寺院の建立
6世紀に仏教伝来、以後、寺院の建立がはじまる。

[飛鳥時代]
神社社殿の建立
寺院建築の影響を受けて、常設社殿の建立がはじまる。

↓

[奈良時代]　**神宮寺の発生**
「神身離脱」を願う神々のために、神社の周辺に寺院（神宮寺、別当寺）が建設された。（例）気比神宮寺、若狭比古神願寺

鎮守社
寺院の境内に、守護神として勧請された神社のこと。寺院鎮守神ともいう。

↓

[平安時代]　**宮寺制の確立**
寺と神社が一体化した「宮寺」が生まれ、半僧半俗の社僧によって運営された。（例）石清水八幡宮、祇園社感神院

↓

[平安時代～]　**神宮寺・別当寺の隆盛**
全国の主だった神社に、神宮寺・別当寺が造営され、神仏習合が各地に波及していった。

仏教では、天界（天道）に「天」（デーヴァ）という神的存在がいると説く。天は、人間よりは高級だが仏（如来《にょらい》）の境地には達しておらず、あくまでも悩み苦しむ衆《しゅ》生《じょう》の一つである。日本の神々はこの「天」の一種とみなされ、仏教に帰依《きえ》して修行の段階にある存在とみなされた。これが、日本の神仏習合のはじまりである。

奈良時代成立の藤原氏の人物伝である『藤氏家伝《とうしかでん》』によると、気比の神は「自分は宿業《しゅくごう》によって神となって久しい。これからは仏道に帰依して修行を積みたい」と藤原武智麻呂《むちまろ》に夢のなかで告げ、これに従って武智麻呂は気比神宮に神宮寺を建てたという。また若狭彦の神は、養老年間（七一七～七二四）に深山で修行中の男に「私は神の身を受けたがゆえに、苦悩が深い。仏法に帰依して神という境遇を免れたいが、その願いはいまだ果たされない」と嘆いた。そこでその男は若狭彦神社の神宮寺を建てたという（『日本後紀』逸文・天長六年〔八二九〕三月条）。

このように、神宮寺の創建縁起には、「神の身」であることを苦しみ、その苦から逃れることを願って仏法に帰依する神々の姿が描かれている。つまり**神宮寺は、「神身離脱《しんりだつ》」を願う神々が人間に頼んで建ててもらった、という形をとった**のである。

◆半僧半俗の社僧が神宮寺を担った

そして、神宮寺建立とあわせて、神前で経典が読経されたり、写経が神社に奉納されたりするようになった。これを、仏法の楽しみを信受させるという意味で「法楽《ほうらく》」という（神宮寺の建立も広義では法楽にあたる）。法楽は、ある意味では神マツリの新しい形態と言えるだろう。また逆に、寺院の境内《けいだい》に神社を勧請《かんじょう》して寺の守護神として仰ぐこともあり、このような神社を寺院鎮守神《ちんじゅがみ》という。

神宮寺に所属し、神々のために仏事を行った僧侶は社僧《しゃそう》と呼ばれた。社僧の長を別《べっ》当《とう》と呼び、このことから神宮寺は近世には別当寺とも呼ばれるようになった。**平安時代に入ると、神宮寺と神社が一体となり、半僧半俗の社僧が中心になって運営される宮寺《みやでら》制が確立する。**社僧には別当・検校《けんぎょう》・上座《じょうざ》などの階層ができ、妻帯世襲が公認され、ときに神職の立場をしのいだ。京都の石清水八幡宮《いわしみずはちまんぐう》（石清水八幡宮護国寺）、祇園感神院《ぎおんかんじんいん》（祇園社、現在の八坂《やさか》神社）などが初期の宮寺制の代表例で、以後、各地の神社に波及してゆき、近世までには全国の主要神社のほとんどで神宮寺・別当寺が営まれるようになっている。

Q22 宇佐八幡宮はなぜ朝廷に厚遇されたのか？

◆仏教に帰依して出家した八幡神

全国の八幡《はちまん》信仰の淵源である宇佐八幡宮《うさはちまんぐう》（大分県宇佐市。現在の正式名は宇佐神宮）は、現在は八幡大神・比売《ひめ》大神・神功《じんぐう》皇后を主祭神とし、八幡大神＝応神《おうじん》天皇としているが、その歴史は複雑で、謎の部分も多い。社伝では、欽明《きんめい》天皇三十二年（五七一）、宇佐の地（御許山《おもとさん》山麓の菱形池《ひしがたいけ》）に八幡神が顕現し、神亀《じんき》二年（七二五）に現在地に遷座して社殿が造立されたということになっている。

しかし研究者のあいだでは、宇佐に住み着いた渡来系氏族の辛島《からしま》氏が祀っていた八幡神への信仰に、大和《やまと》からやってきた大神《おおが》氏が応神天皇と神功皇后の伝承を持ち込み、さらに、宇佐土着の豪族宇佐氏の聖地であった御許山の神への信仰も融合して宇佐八幡宮が形成された——とみるのが通説である（八幡神＝応神天皇説は平安以降とする見方もある）。また、天平十年（七三八）には、宇佐八幡宮の西に神宮寺の弥勒《みろく》寺が建立されていて、早くから神仏習合が進んでいるが、朝鮮半島との結びつきが強い国《くに》東《さき》半島には、朝廷への仏教公伝に先行して古くから仏教が伝わっていたらしい。

宇佐の八幡信仰が日本中に広まるきっかけは、東大寺の大仏造立である。造立事業が難航すると、八幡神は天神地祇《てんじんちぎ》を率いて大仏建立に協力することを誓う託宣を発し、天平勝宝《てんぴょうしょうほう》元年（七四九）に大仏鋳造《ちゅうぞう》がなると、八幡神の託宣にしたがって巫女大《みこおお》神杜女《がのもりめ》（「禰宜尼《ねぎに》」と呼ばれていたことから、尼僧形の巫女だったとされる）を神の憑坐《よりまし》として神輿《しんよ》に乗せた宇佐の神職団一行が上京し、平城京に入ると聖武《しょうむ》太上《だいじょう》天皇、孝謙《こうけん》天皇とともに大仏を拝礼した。これは神が大仏を拝したことを意味した。

八幡神は、「神身離脱《しんしんりだつ》」を求めるのではなく、神身のまま仏教に帰依《きえ》して積極的に奉仕した点に特色があるが、神社を統制しつつも仏教による鎮護国家をめざす奈良朝廷にとっては、このような仏を仰ぐ神こそが理想であり、だからこそ朝廷に厚遇されたのだろう。そして平安時代に入ると八幡神は「八幡大菩薩《だいぼさつ》」と号されるようになり、いわば「出家した神」とみなされるようになってゆくのである。

Q23 怨霊が神社の祭りを民衆に開放した？

◆祇園祭は怨霊鎮めの祈禱がルーツ

日本人は、神が祟《たた》りをなすことを古くから恐れてきたが、奈良、平安と時代が移るにつれ、非業《ひごう》の死を遂げた人間の霊は祟りをなすという信仰が強まっていった。そして、生前に恨みを残して死んだ人間の霊は「怨霊《おんりょう》」とか「御霊《ごりょう》」と呼ばれ、御霊は一種の神とみなされた。さらに、疫病や災厄は御霊の仕業《しわざ》と信じられたのである。

とくに平安前期には、京都に疫病《えきびょう》が蔓延して社会に不安が広がっていたが、朝廷はこれを、平安遷都を行った桓武《かんむ》天皇によって死に追い込まれた崇道《すどう》天皇（早良《さわら》親王）や、陰謀に巻き込まれて自殺した伊予《いよ》親王など、政争の犠牲になった怨霊によるものと考え、その霊を慰撫《いぶ》し鎮めることを考えた。そこで行われたのが、御霊会《え》である。

貞観《じょうがん》五年（八六三）五月、清和《せいわ》天皇の勅により、京都の神泉苑《しんせんえん》を祭場に、貴族のみならず京の庶民もが見学するなか、崇道天皇をはじめとする六柱の御霊を和《なご》めるべく、読経や雅楽《うた》寮の音楽、歌舞などの奉納が行われた。**御霊会の特徴は、仏教の法会《ほうえ》と神マツリが結びついた神仏混淆《こんこう》的な祈禱《きとう》祭祀であったこと、そして朝廷主催の催しでありながら庶民も自由に参加できた、という点にある。**マツリが民衆に開放されたのだ。

863年、崇道天皇らの怨霊を鎮める御霊会が行われた京都の神泉苑。往時には現在の10倍近い広さがあった。

これ以後、御霊会は何度も行われるようになり、やがて疫神《えきじん》信仰とも融合していった。これを発展的に受け継いで生まれたのが祇園《ぎおん》社感神院《かんじんいん》（現在の八坂《やさか》神社）の祇園御霊会であり、これがさらに祇園祭へと発展し、現代に続いているのである。

また御霊信仰は、御霊を霊威力ある神として祀る「御霊神社」をも生んだ。京都の上御霊《かみごりょう》神社、下《しも》御霊《ごりょう》神社が有名で、この他にも各地に御霊神社が建立されている。

神社のトリビア❷

式年遷宮は伊勢だけじゃない

平成二十五年（二〇一三）に、伊勢神宮で「遷宮《せんぐう》」が行われた。遷宮とは、神殿を新しく造り替え、新しいお宮にご神体を遷《うつ》し祀ることで、造替《ぞうたい》ともいう。そして、年数を定めて行われる遷宮を式年《しきねん》遷宮という。伊勢神宮では、この年数（式年）が古来二十年と定められている。第一回の伊勢の遷宮は持統《じとう》天皇四年（六九〇）と伝えられ、戦国時代に中絶したこともあったが、平成二十五年秋には、第六十二回式年遷宮が無事に行われた。

式年遷宮といえば伊勢が有名だが、春日大社や賀茂《かも》神社（上賀茂《かみがも》・下鴨《しもがも》）など、式年遷宮の慣行を守る古社はほかにもあり、式年は二十年（賀茂神社は二十一年）が基本だ。ただし、神殿の造り替えではなく、修理・修築に留められている。かつては住吉《すみよし》大社、香取《かとり》・鹿島《かしま》神宮でも二十年ごとの式年遷宮が行われていた。

式年遷宮の理由については「神殿を常若《とこわか》に保つため」「工匠技術を適切に伝えるため」など、諸説が挙げられている。だが、神社には本来常設の社殿がなかったとも言われていることを考えるならば、祭りの度に神殿をリニューアルして神霊を迎えるのが、神社にとっては理想的な形であるとも言えるのだ。

第3章

中世・近世編
仏教との不思議な関係

Q24 なぜ全国に一宮と総社がつくられたのか？

◆班幣制度の衰退と国司神拝

第2章に記したように、飛鳥時代末～奈良時代（七世紀後半～八世紀）、律令《りつりょう》制度の整備に伴い、朝廷に神祇官《じんぎかん》が設置され、重要祭祀の折に、都に集まった各地の官社の代表へ神祇官から幣帛《へいはく》を頒布《はんぷ》する班幣《はんぺい》制度がはじまった。しかし、遠国の神社には幣帛を受け取りに来ないところも現れるようになった。そこで平安時代に入ると、官社は官幣社《かんぺいしゃ》と国幣社《こくへいしゃ》に分けられ、後者は、地元の国司《こくし》から班幣が行われるよう制度が改められた。しかし、平安時代中期頃から律令制度が解体しはじめると、この官幣・国幣の制度も形骸化し、中央集権的な神社祭祀が衰退してゆく。

その一方で、国司による班幣は、各地の国司と地方の官社との結びつきを強めることにもなり、地方の神社行政の権限は国司に大きく委ねられるようになった。

◎全国の一宮

＊『神道事典』を参考に作成。時代によって一宮が推移したり、下記以外に一宮に比定される神社もある。

[東北]
大物忌神社(出羽／山形・秋田)
馬場都都古和気神社・八槻都都古別神社(陸奥／福島他)
[関東]
鹿島神宮(常陸／茨城)
日光二荒山神社・宇都宮二荒山神社(下野／栃木)
一之宮貫前神社(上野／群馬)
香取神宮(下総／千葉・茨城)
玉前神社(上総／千葉)
安房神社(安房／千葉)
氷川神社(武蔵／埼玉・東京・神奈川)
寒川神社(相模／神奈川)
[甲信越]
浅間神社(甲斐／山梨)
諏訪大社(信濃／長野)
弥彦神社・居多神社(越後／新潟)
度津神社(佐渡／新潟)
[東海]
三嶋大社(伊豆／静岡)
富士山本宮浅間大社(駿河／静岡)
小國神社(遠江／静岡)
水無神社(飛騨／岐阜)
南宮大社(美濃／岐阜)
砥鹿神社(三河／愛知)
真清田神社(尾張／愛知)
伊雑宮(志摩／三重)
椿大神社(伊勢／三重)
敢国神社(伊賀／三重)
[北陸]
気多神社(越中／富山)
気多神社(能登／石川)
白山比咩神社(加賀／石川)
気比神宮(越前／福井)
若狭彦神社(若狭／福井)
[近畿]
建部大社 (近江／滋賀)
賀茂御祖神社・賀茂別雷神社(山城／京都)
出雲大神宮(丹波／京都・兵庫)
籠神社(丹後／京都)
大神神社(大和／奈良)
枚岡神社(河内／大阪)
住吉大社(摂津／大阪・兵庫)
大鳥神社(和泉／大阪)
日前・国懸神宮(紀伊／和歌山)
出石神社・粟鹿神社(但馬／兵庫)
伊和神社(播磨／兵庫)
伊弉諾神宮(淡路／兵庫)
[中国]
宇倍神社(因幡／鳥取)
倭文神社(伯耆／鳥取)
由良比女神社(隠岐／島根)
出雲大社(出雲／島根)
物部神社(石見／島根)
中山神社(美作／岡山)
吉備津彦神社(備前／岡山)
吉備津神社(備中／岡山)
吉備津神社(備後／広島)
厳島神社(安芸／広島)
玉祖神社(周防／山口)
住吉神社(長門／山口)
[四国]
田村神社(讃岐／香川)
大麻比古神社(阿波／徳島)
土佐神社(土佐／高知)
大山祇神社(伊予／愛媛)
[九州]
宇佐神宮(豊前／大分・福岡)
西寒多神社(豊後／大分)
筥崎宮(筑前／福岡)
高良大社(筑後／福岡)
與止日女神社(肥前／佐賀・長崎)
海神神社(対馬／長崎)
天手長男神社(壱岐／長崎)
都農神社(日向／宮崎)
阿蘇神社(肥後／熊本)
鹿児島神宮(大隅／鹿児島)
枚聞神社・新田八幡宮(薩摩／鹿児島)

それを象徴するのが国司神拝《こくししんぱい》で、国司は、朝廷から任命されて任地（国）に赴くと、国内の有力な神社を巡拝した。奈良時代からすでに行われていたと言われるが、平安時代に入ると欠かせない慣行となった。この頃には、任命されても都に留まって任地に下向《げこう》せず、代理を派遣する名目的な国司が現れたが、彼らも多くは初任時は任地へ出かけて神拝を行ったため、初任時の国司神拝が重要な就任セレモニーになったのだ。

◆国司神拝から一宮と総社の成立へ

平安時代後半になると、さらなる変化が生じる。初任神拝の際の、巡拝する神社の順序が重要視されるようになり、「任地内の格の高い神から順に参拝すべきだ」ということになった。こうして生まれたのが諸国一宮《いちのみや》制で、**各地の神社は、国司が巡拝する順序に従って一宮・二宮・三宮……と呼ばれ、一宮・二宮・三宮という序列が、一種の社格となった**のである。とくに一宮はその国の総鎮守《そうちんじゅ》に位置付けられ、初任神拝の折に、国司による奉幣《ほうへい》や神宝の奉納を伴う儀礼も行われた。そしてこれらの制度や祭祀を通じて、国司は、天皇・朝廷の代理として諸国の神社を統制したのである。

ところが、国司神拝をわずらわしく思う国司もいた。そこで、**国内の有力な神社の祭神を勧請《かんじょう》して集めてひとつの神社に祀り、その神社に参拝することで、神拝を済ますということも行われるようになった。**こうして誕生した神社が総社《そうじゃ》（惣社）と呼ばれるもので、国庁・国府の近辺に新たに建立される場合と、一宮などの既存の有力神社がそれにあてられる場合とがあった。現在でも旧国府の近くに総社神社、六所《ろくしょ》神社（「一宮から六宮まで、国内の神社をすべて祀った神社」の意）という名で残っていることがある。ただし、一宮・総社制は、国司の神拝の便宜をはかるためだけではなく、下向しなくなった国司に代わって政務の中心となった在庁官人《ざいちょうかんにん》（土着の豪族）の神社祭祀として成立したと考える説もある。このような一宮や総社は地方領主の精神的拠点となり、彼らの氏神《うじがみ》・守護神へと発展するケースも少なくなかった。

なお、日本で中世といえば、鎌倉時代以降を指すのが一般的だが、本書では、律令制的な神社制度が形骸化し、それに代わって一宮制や二十二社制（次項参照）などの新たな神社制度が台頭し、神仏習合が本格化した平安時代後半（十世紀なかば〜十二世紀頃）を神社史の画期と考え、この時代も中世に含めてみてゆくことにしたい。

Q25 朝廷から特別な崇敬を受けた「二十二社」とは？

✦王城鎮守として二十二の神社が選定される

律令《りつりょう》制度と神祇官《じんぎかん》の衰退に伴って、地方では諸国一宮《いちのみや》制が形成されたが、中央において新たに現れたのが、「二十二社制」だ。祈年《きねん》祭などの重要祭祀で、官幣社《かんぺいしゃ》ですら、都まで幣帛《へいはく》を受け取りに来ることが稀になると、それに代わるものとして、朝廷が都とその周辺部に位置する神社の中から有力なところを選び、その神社に限定して祭祀の日に天皇からの勅使が参向し、幣帛を供えるということが行われるようになる。

選定された神社は、九世紀末頃の時点ではそれは十六社だったが、徐々に増加し、十一世紀末には二十二社となって固定化した（次ページ参照）。そのため、「二十二社制」などと呼ばれる。二十二社は、年二回の恒例的な祈年穀奉幣《きねんこくほうへい》（年穀の豊穣を祈願して行われた奉幣）のほかに、国家の重大事や天変地異、あるいは祈雨・止雨の際の

◎二十二社の分布

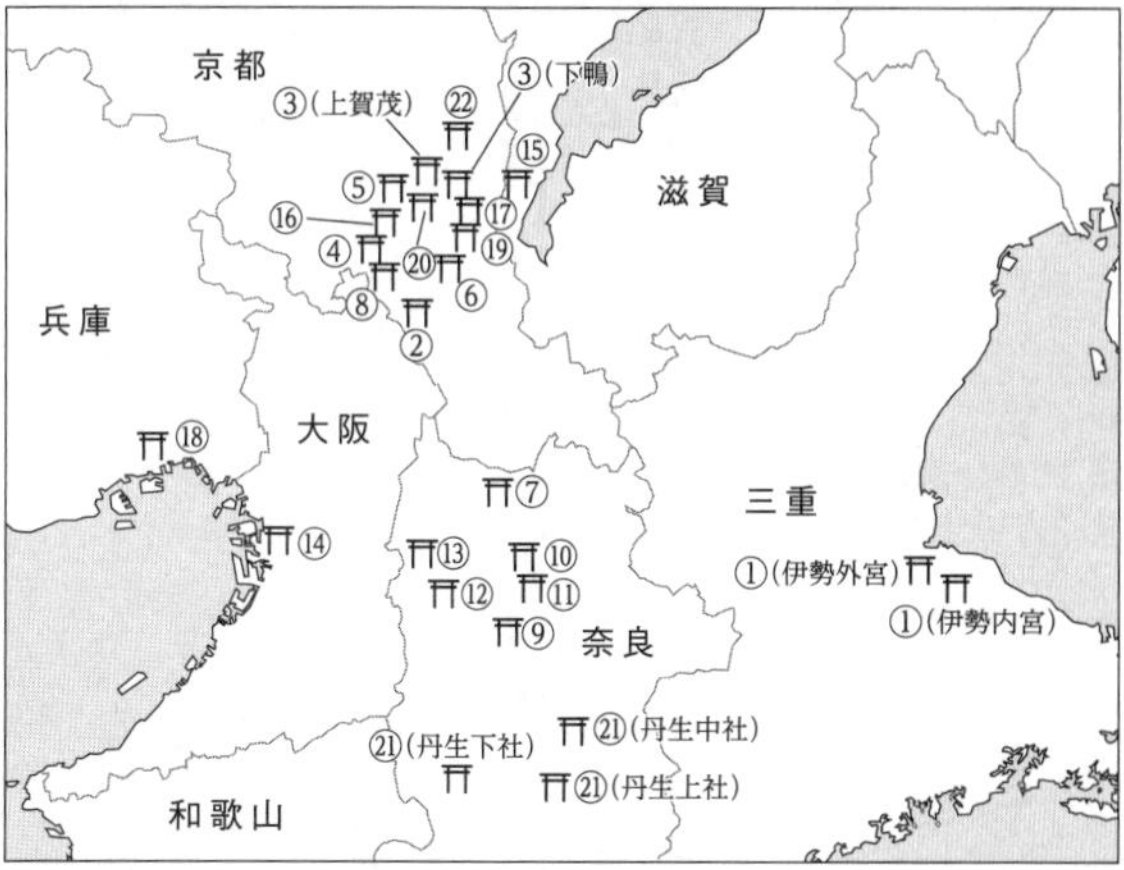

【上七社】

①太神宮（伊勢神宮／伊勢）
②石清水（石清水八幡宮／山城）
③賀茂（賀茂別雷〔上賀茂〕神社、賀茂御祖〔下鴨〕神社／山城）
④松尾（松尾大社／山城）
⑤平野（平野神社／山城）
⑥稲荷（伏見稲荷大社／山城）
⑦春日（春日大社／大和）

【中七社】

⑧大原野（大原野神社／山城）
⑨大神《おおみわ》（大神神社／大和）
⑩石上《いそのかみ》（石上神宮／大和）
⑪大和（大和神社／大和）
⑫広瀬（広瀬大社／大和）
⑬龍田（龍田大社／大和）
⑭住吉（住吉大社／摂津）

【下八社】

⑮日吉《ひえ》（日吉大社／近江）
⑯梅宮《うめのみや》（梅宮大社／山城）
⑰吉田（吉田神社／山城）
⑱広田（広田神社／摂津）
⑲祇園（八坂神社／山城）
⑳北野（北野天満宮／山城）
㉑丹生《にう》（丹生川上神社上社、丹生川上神社、丹生川上神社下社／大和）
㉒貴布禰《きぶね》（貴船神社／山城）

臨時の祈願においても朝廷側から奉幣が行われた。なお、この場合、必ずしも常にすべての社が祈願・奉幣の対象になったわけではなく、臨時の奉幣などの際には、その目的に応じていくつかの神社が選ばれる場合が多かった。そして、**二十二社は王城《おうじょう》鎮守《ちんじゅ》とも呼ばれ、天皇・朝廷から格別の崇敬《すうけい》を受け、中世においてはこれらの神社を中心に朝廷の神社祭祀は行われることになった**のである。

◆有力神社には天皇や貴族も参詣

二十二社の筆頭は伊勢神宮で、これは別格の扱いである。他は、大和《やまと》・山城《やましろ》の土地神（賀茂《かも》・稲荷《いなり》・松尾《まつのお》・大神《おおみわ》・石上《いそのかみ》・大和）、祈雨・止雨の神（丹生《にう》・貴布禰《きぶね》）、川の神（広瀬）、風神（龍田《たつた》）、天皇家の祖先神（石清水《いわしみず》・広田〔内宮の荒魂《あらみたま》〕）、天皇家の外戚である藤原氏の氏神《うじがみ》（春日・大原野《おおはらの》・吉田）などが並ぶ。またほとんどが式内社《しきないしゃ》だが、石清水・大原野・吉田・祇園《ぎおん》・北野の五つは式外社《しきげしゃ》で、これらには藤原氏とのつながりが強いところが多い。また、平安時代末期の平氏政権下では、清盛が篤《あつ》い信仰を寄せた厳島《いつくしま》神社を加えることが論議されたが、実現には至らなかった。

また、平安時代の初期から、式内社のなかの名神大社《みょうじん》に対して朝廷が奉幣することが行われており、二十二社を名神奉幣の流れを汲むものとみる説もある。

二十二社のうち、石清水や賀茂などの有力社には、天皇や貴族による参詣も行われ、とくに天皇による参詣は神社行幸《みゆき》と呼ばれた。朱雀《すざく》天皇は、天慶《てんぎょう》五年（九四二）、承《じょう》平《へい》・天慶の乱平定の返礼として賀茂社に参詣しているが、これが神社行幸の最初とみられ、以後、鎌倉時代にかけてしばしば行われるようになる。これは各神社の祭祀に奉幣使を遣わして代参させる形式よりも、より丁重な祭祀法であると言える。

ただし、神社行幸といっても、天皇が直接本殿に昇って神拝することはなかった。天皇が出かけるのは社頭近くの御在所までで、ここからは祭使が神前に参向し、天皇の御願を伝えた。このように天皇の参詣に制限がもうけられたのは、天皇が直接祀ることができるのは皇祖神天照大神《あまてらすおおみかみ》のみであり、天照大神以外の神々を親祭してはならないという不文律があったからである。

二十二社制は室町時代なかばまで続くが、以降は途絶。江戸時代に二十二社のうちの上七社を対象とした七社奉幣が何度か行われ、かろうじて復興を果たしている。

Q26 「本地垂迹説」で仏像がご神体になった?

◆神仏習合の第二段階

奈良時代、神社に神宮寺《じんぐうじ》が建てられるようになり、神身離脱《しんしんりだつ》を願う神々の救済のために神前読経《しんぜんどきょう》などの法楽《ほうらく》が社僧《しゃそう》によって行われた。これが神仏習合の第一段階である。平安時代には神仏習合がさらに進み、「八幡大菩薩《はちまんだいぼさつ》」のように、神に菩薩号がつけられるようになる。菩薩は仏教では本来、仏(如来《にょらい》)をめざして修行中の段階にある存在を指すが、菩薩を称した神は、仏と人間の中間的存在として認識されたのだ。

十世紀頃になると「本地垂迹説《ほんじすいじゃく》」が形成される。これは「神々とは、彼岸《ひがん》にいる絶対的な存在である仏・菩薩が、日本の衆生《しゅじょう》を救済するために、仮に姿を変えて現れたものだ」とする考えで、**「本地垂迹」とは、仏は神の本地(本体)であり、神は仏の垂迹(仮の身。「迹」は足跡の意)であるという意味である。**仏と神を別個の存在

◎本地垂迹説

仏界

本地仏

仏・菩薩。彼岸の世界にいる絶対的な存在。神の本体。

↓ ↓ ↓ ↓ ↓

下界（神社）

垂迹神（権現）

仏・菩薩が衆生救済のために仮に神の姿をとって現れたもの。

大日如来

天照大神（伊勢神宮）

◎おもな神社とその本地仏

神社	祭神	本地仏
伊勢神宮（内宮）	天照大神	大日如来 観音菩薩
石清水八幡宮	応神天皇 比売大神 神功皇后	阿弥陀如来 勢至菩薩 観音菩薩
松尾大社	大山咋神	釈迦如来 毘婆尸仏
大神神社	大物主神	大日如来 聖観音 十一面観音
石上神宮	布都御魂神 布留御魂神 布都斯御魂神	十一面観音 文殊菩薩 不動明王
出雲大社	大国主神	勢至菩薩
富士山本宮浅間大社	木花之佐久夜毘売命	千手観音 大日如来

＊『神道事典』他を参考に作成。ただし、史料や時代により異同がみられる。

とするのではなく、両者は仏を優位とした不可分一体の関係にあるとみたもので、こうした考え方が広まったことにより、日本の神仏習合は新たな段階に入った。

「本地垂迹」は元々は仏教用語で、『法華経《ほけきょう》』における釈迦を、歴史を超越した永遠の釈迦＝本地と、歴史的に実在して成仏《じょうぶつ》をした釈迦＝垂迹とに分けてとらえたことに由来する。また、本地垂迹という言葉を用いなくても、中国では、儒教の聖人や道教《どうきょう》の神仙を仏・菩薩の化身とみなすことがしばしば行われ、日本でも、聖徳太子を救世《くせ》観音、行基《ぎょうき》を文殊《もんじゅ》菩薩の化身とする信仰が早くからあった。つまり、本地垂迹という発想は、必ずしも日本の神仏習合に固有のものではなかったのである。

✪神は仏を本体とする「権現」

日本の神々に対して「垂迹」の語が用いられるようになったのは、史料上では九世紀なかばからだ。十〜十一世紀頃からは仏の垂迹として現れた神を「権現《ごんげん》」と呼ぶようになる。権現とは、「仏・菩薩が衆生救済のために権《かり》に神の姿をとってこの世に現れたもの」の意である。そして白山《はくさん》権現、熊野《くまの》権現というように、社名や神名の下につく神号としても普及した。山岳修行の聖地にはとくに権現号が用いられている。

これと並行して神社や神の本地の仏を特定することが行われるようになり、鎌倉時代までには全国の主要神社で本地仏が比定されていったが、本地仏は必ずしもひとつに特定されるものではなく、信仰者や時代によって変化がみられたようだ。

また、本地垂迹説が広まると、神と仏の関係を庶民にもわかりやすく示すために各地の神社で「御正体《みしょうたい》」がつくられて祀られた。御正体は、ご神体としての鏡に本地仏を線刻したもの、あるいは円形・扇形の板に本地仏を張り付けたもの（懸仏《かけぼとけ》）で、本地と垂迹の関係をビジュアルに表現していた。また、**御正体の登場は、本地仏の仏像が神体視されることにもつながっていった。**

神々の本地は、神宮寺の本尊によって、あるいは机上で観念的に配当されたとするのが通説だ。しかし、『本朝神仙伝《ほんちょうしんせんでん》』（十一世紀末）には、僧日蔵《にちぞう》が、神の本地を知るべく松尾《まつのお》大社に参籠《さんろう》したとき、嵐のなかで老翁が現れ、「本地は毘婆尸仏《びばしぶつ》（釈迦以前に現れたという七仏のひとつ）である」と告げたという話がある。神々の本地は、修行する宗教者たちの神秘的体験によって感得されるという側面もあったのである。

Q27 石清水八幡宮はお坊さんがつくった?

◆伊勢神宮につぐ「第二の宗廟」とは

京都の男山《おとこやま》山頂に鎮座する石清水《いわしみず》八幡宮《はちまんぐう》は、幕末までは正式名称を石清水八幡宮護《ご》国寺《こくじ》といった。宇佐から勧請《かんじょう》された八幡大菩薩を祀る石清水八幡宮は、神社と寺院が一体となった「宮寺《みやでら》」の代表格で、神仏習合のシンボル的存在だったが、そもそもこれを建てたのは僧侶だった。奈良の大安寺《だいあんじ》の僧行教《ぎょうきょう》が貞観《じょうがん》五年(八六三)に書いたと伝わる『石清水八幡宮護国寺略記』には、次のような縁起《えんぎ》が記されている。

八幡大菩薩を拝したいと念願していた行教は、貞観元年(八五九)、宇佐八幡宮に参詣し、神前で昼は大乗経の転読、夜は真言陀羅尼《しんごんだらに》を唱えて一夏(四~六月)を過ごした。そして都に帰ろうとした七月十五日の夜半、「都の近くに移座し、国家を鎮護せん」という託宣を受けた。その後、京の南の山崎あたりまで帰ると、「移座すべき処は石清水男山の峯なり」と告げられた。翌朝、山頂に登って拝礼し、仮殿を設けた。そしてこれらのことを朝廷に奏上すると、九月十九日勅使の下向があり、すぐに宝殿の造営がはじまり、完成するとご神体が安置された。

男山にはもともと石清水寺という護国寺があったらしいが、**こうした経緯で創建された石清水八幡宮は、当初は神主も置かれず、僧侶が中心になって運営された。**また前掲の『略記』には「大菩薩の成仏のために、かねては鎮護国家のために」祈願僧を石清水に置くと書かれていて、この宮寺の建立が、「八幡大菩薩」という神が悟りに至ることを目的としていたことを物語っている。

石清水八幡宮は創建時から皇室から格別の崇敬《すうけい》を受け、十世紀はじめには伊勢神宮につぐ「第二の宗廟《そうびょう》」として尊崇されるようになり、天皇・上皇の行幸《みゆき》が頻繁に行われた。このように急速に地位が上昇したのは、応神《おうじん》天皇と同神視された八幡神を皇室の祖先神とする信仰が、天皇や貴族たちのあいだに広まったためと考えられる。

石清水八幡の祭礼では勅祭となった放生会《ほうじょうえ》が有名だが、これは捕えられた鳥魚を放って供養する仏教儀礼であり、宇佐から伝えられたものである。

Q28 出雲大社の祭神はオオクニヌシではなくスサノオだった？

✪かつて大社の境内には三重塔が建っていた

出雲大社の祭神といえば、大国主神《おおくにぬしのかみ》（オオナムチ）の名を挙げるのが現代の常識だ。ところが意外なことに、**中世においては、出雲大社の祭神は、大国主神ではなく素戔《すさの》嗚尊《おのみこと》であったという。**例えば、南北朝初期、出雲大社の神職の長である「出雲国造《いずもこくそう》」を務めた出雲孝時《のりとき》は、「当社の大明神は素戔嗚尊なり」（「建武三年国造出雲孝時解《げ》状《じょう》土《ど》代写《だいしゃ》」）と記している。

古代には大国主神を祀っていたにもかかわらず、なぜ素戔嗚尊へと祭神が転換してしまったのだろうか。要因としては、記紀にみえる、出雲でスサノオが詠んだとされる「八雲立つ～」という歌を、平安時代の『古今和歌集』序が「日本最初の和歌だ」と評したことから、「出雲といえばスサノオ」というイメージが京都の知識人に広まっていたことなどが考えられているが、その他に、神仏習合の影響も考えられる。

　中世には仏教説話と融合した新たな神話が造成されたが、そのような神話のひとつに「釈迦が『法華経《ほけきょう》』を説いた聖地、インドの霊鷲山《りょうじゅせん》の一部が砕け、海に漂っていたのを、スサノオが引き寄せて出雲の国づくりを行い、そこに大社を築き、祭神として鎮まった」というものがあり、素戔嗚尊と出雲大社が結びつけられていた（井上寛司「中世出雲神話の世界と出雲大社」、千家和比古他編『出雲大社』所収）。

　また、出雲大社の神宮寺《じんぐうじ》的な役割を果たした鰐淵寺《がくえんじ》の影響も無視できない。鰐淵寺は出雲大社の北東七キロほどのところにある天台系寺院で、修験《しゅげん》の道場として栄え、中世には大伽藍《がらん》を有した。そして蔵王権現《ざおうごんげん》を本尊としたが、これが素戔嗚尊と習合し、同体視されたのだという。

　ちなみに、戦国時代になると、大名尼子《あまこ》氏は出雲大社境内《けいだい》に経蔵・三重塔などの仏教施設を造営し、本殿では鰐淵寺僧による経典読誦《どくじゅ》が行われ、社殿は朱に塗られていた。十六世紀末から江戸時代はじめにかけて、ようやく祭神が素戔嗚尊から大国主神に復され、仏教施設も大社境内から撤去されている。

Q29 伊勢神宮は仏教の聖地だった？

◆名僧・高僧たちが相次いでお伊勢参りへ

神仏習合の波は、神道・神社の一大聖地である伊勢神宮にも早くから及んでいる。『続日本紀《しょくにほんぎ》』天平神護《てんぴょうじんご》二年（七六六）七月二十三日条に「（朝廷から）使者を遣わし、丈六《じょうろく》の仏像を伊勢の大神宮寺に造らせた」とあることから、この時点ですでに伊勢神宮には神宮寺《じんぐうじ》が存在していたとみられているのだ。

また、本地垂迹《ほんじすいじゃく》説では、伊勢神宮が祀る天照大神《あまてらすおおみかみ》は、女性的なイメージの強い観音菩薩《かんのんぼさつ》、あるいは仏教における太陽神ともいえる大日如来《だいにちにょらい》を本地とすると考えられた。このような流れのなかで、奈良の東大寺大仏と伊勢神宮を結びつける、次のような説話が十二世紀までに形成されていった。

「御願寺の建立を願う聖武《しょうむ》天皇が、伊勢神宮に勅使を送ると、天皇の夢中に光り輝く玉女（天照大神）が現れ、みずからの本地が盧舎那仏《るしゃなぶつ》（大日如来の異名）であることを明かし、寺院の建立が神慮に叶うものであることを示した。こうして建立されたのが東大寺である」（『東大寺要録』ほか）

つまり、伊勢の天照大神と、東大寺に造立された盧舎那仏すなわち大仏が、同体視されたのだ。また、東大寺大仏建立に尽力した奈良時代の僧行基《ぎょうき》が、建立前に伊勢に参宮し、天照大神の示現《じげん》を得たという説話も同じ頃に生じている。

これらの説話はあくまで伝説にすぎないが、治承《じしょう》四年（一一八〇）に平家による焼き討ちに遭った東大寺の再建事業を主導した僧重源《ちょうげん》は、文治《ぶんじ》二年（一一八六）実際に伊勢神宮に参籠《さんろう》し、そして天照大神の示現を得たという。重源以外にも、この時代には西行《さいぎょう》、貞慶《じょうけい》、叡尊《えいそん》といった高僧が相次いで参宮し、以後、**鎌倉時代を通じて僧侶の参宮が隆盛、伊勢は日本仏教のメッカと化した**のである。ただし、神宮側には仏教忌避、神仏隔離の強い伝統があり、僧侶は原則として社殿に近づくことはできなかった。鎌倉時代後期の史料によれば、内宮《ないくう》の場合、念珠や本尊・経文を持つ男女は二の鳥居より内に入ることは許されなかったという（伊藤聡『神道とは何か』）。

Q30 伊勢の内宮と外宮は対立していた?

◆外宮の鎮座伝承は記紀には書かれていない

伊勢神宮は、五十鈴《いすず》川のほとりの宇治《うじ》の地に鎮座する内宮《ないくう》（皇大神宮《こうたいじんぐう》）と、宮川《みやがわ》のほとりの山田原《やまだのはら》の地に鎮座する外宮《げくう》（豊受大神宮《とようけだいじんぐう》）から成っている。両宮には五キロほどの距離があるが、この隔たりの背景には、神宮の複雑な歴史と信仰がある。

天照大神《あまてらすおおみかみ》を祀る内宮の鎮座伝承は前記したので（52ページ）、ここでは外宮の鎮座伝承にふれておこう。外宮は御饌《みけ》の神（食事を司《つかさど》る神）である豊受大神《とようけのおおかみ》を祭神とするが、『日本書紀』には外宮に関する言及がない。『古事記』には天孫降臨の場面で、豊受神（登由宇気神《とゆうけのかみ》）について「外宮の度相《わたらい》（度会）に坐す神」と記す箇所があるが、この「外宮」の記事は、定説では、平安以降に写本に書き加えられたものとみられている。ちなみに、内宮・外宮の称は、平安時代以後に盛んに用いられるようになった

◎内宮と外宮の関係

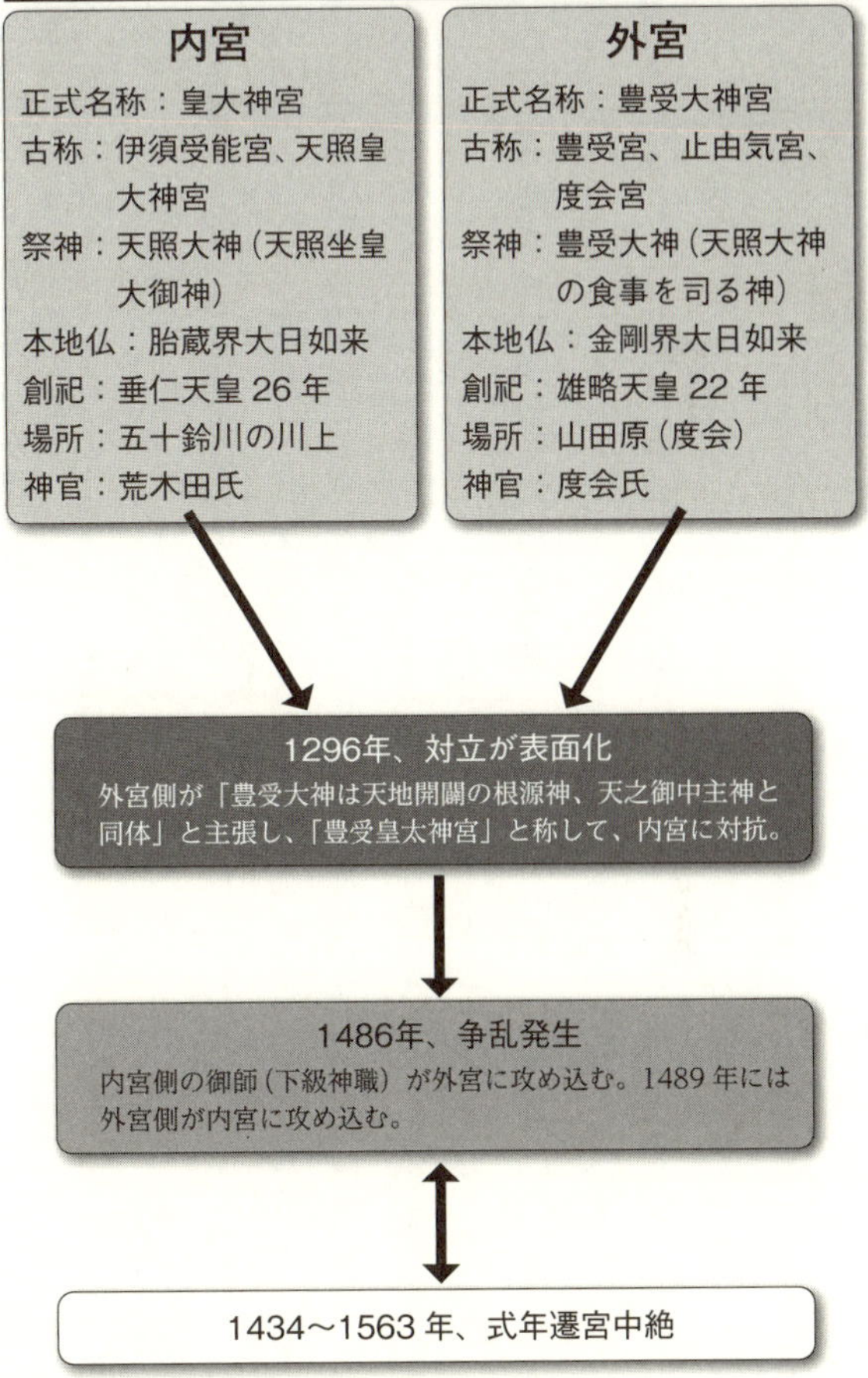
内宮
正式名称：皇大神宮
古称：伊須受能宮、天照皇大神宮
祭神：天照大神（天照坐皇大御神）
本地仏：胎蔵界大日如来
創祀：垂仁天皇26年
場所：五十鈴川の川上
神官：荒木田氏
外宮
正式名称：豊受大神宮
古称：豊受宮、止由気宮、度会宮
祭神：豊受大神（天照大神の食事を司る神）
本地仏：金剛界大日如来
創祀：雄略天皇22年
場所：山田原（度会）
神官：度会氏
1296年、対立が表面化
外宮側が「豊受大神は天地開闢の根源神、天之御中主神と同体」と主張し、「豊受皇太神宮」と称して、内宮に対抗。
1486年、争乱発生
内宮側の御師（下級神職）が外宮に攻め込む。1489年には外宮側が内宮に攻め込む。
1434～1563年、式年遷宮中絶

もので、大内つまり内裏《だいり》・宮廷の神と、それ以外の神という意味から来たものらしい。

外宮の鎮座伝承は、平安初期成立の『止由気宮儀式帳《とゆけぐう》』にみえる。第二十一代雄《ゆう》略《りゃく》天皇の夢に天照大神が現れ、「自分は独り身で寂しいので、朝夕に奉る御饌の神として丹波《たんば》国から豊受神を迎えよ」と告げた。そこで、豊受大神が山田原の地に迎えられ、御饌殿が建てられて朝夕の大御饌の儀がはじまったという。外宮の正宮正殿《しょうぐうしょうでん》の裏手に立つ御饌殿では、現在も天照大神への神饌《しんせん》を供える祭りが毎朝夕に執り行われている。内宮の神々はここに参集して食事を召し上がるということになっているのだ。

✪かつては争乱を繰り返した内宮と外宮

雄略天皇は五世紀頃に実在したとされる天皇だが、この鎮座伝承もそのまま史実ととる研究者は少ない。外宮の祭神豊受大神をめぐってはさまざまに論議されているが、伊勢の土豪度会氏が祀っていた豊穣神が、伊勢神宮（内宮）の創立とともに御饌の神として編成されるに至ったとみる説がある（西郷信綱『古事記注釈』）。つまり、外宮は本来地主神《じぬしがみ》を祀る独立した神社だったが、朝廷主導の内宮の成立にともなって「神宮」のうちに組み込まれたというもので、これが今のところ有力な見方になっている。

皇祖神を祀る内宮のほうが外宮よりも上位に立ったが、鎌倉時代に入ると、この関係に異変が生じた。下位にみられていた外宮が内宮との対等あるいはそれを上回る地位を公然と主張しはじめたのだ。外宮側の根拠は、「豊受大神は、天地開闢《かいびゃく》の根源神である天之御中主神《あめのみなかぬしのかみ》と同体である」というものだった。つまり、**外宮が祀っているのは、天照大神に先行する神であり、皇祖神の大元なのだという主張である。**

これを機に両宮の反目が表面化し、室町時代にはついに争乱が生じた。

文明《ぶんめい》十八年（一四八六）、内宮門前の宇治の御師《おんし》（下級神職）たちが、外宮門前の山田に攻め入り、町が焼き払われた。追い込まれた外宮側の御師たちは外宮正殿に火を放って応戦した（『皇代記附年代記』）。正殿の建つ瑞垣《みずがき》内で自刃する者もいたという。聖域が、神道で最も忌むべき血で穢《けが》されたのだ。三年後には、外宮側の御師たちが宇治の町を焼き、その火は内宮境内にまで及んだ（『大乗院寺社雑事記』）。斬り合いも起こり、内宮の正殿も血で穢された。こうした混乱により、永享《えいきょう》六年（一四三四）から永禄《えいろく》六年（一五六三）までの百二十九年間、式年遷宮も中絶している。

Q31 参詣者を神社にガイドした御師とは？

◆本来、個人で神社参拝はできなかった

中世から近世にかけて、有力な神社では、「御師《おし》」と呼ばれる宗教者が、参詣者のガイド役として活躍した。彼らはたんに参詣者を寺社に案内するだけでなく、宿泊の世話や祈禱《きとう》なども行った。御師は一般に「下級神職」と説明されることが多いが、そのルーツは平安時代の「御祈禱師《ごきとうし》」にさかのぼることができる。

本来、神社とは、氏族や国家などの集団単位で神々を祀るための施設であり、そこで個人が私的な祈願をするようなことはなかった。そもそも、古代においては、祭祀のない通常の日に、貴族であれ庶民であれ、個人が神社にお参りするという習俗はなかったのである。したがって、神社に属する神職たちも、私的な祈禱に関与することはなかった。伊勢神宮にいたっては、神前に幣物《へいもつ》を捧げるのは天皇に限られるという

「私幣禁断」の制が布《し》かれていた。

しかし、平安時代なかば頃から、貴族たちが病気平癒《へいゆ》や安産などの個人祈願を切望するようになると、密教僧や民間の陰陽師《おんみょうじ》、山伏《やまぶし》がそれに応えて私的な祈禱を行うようになった。**平安末期になると、神社でも私的な祈禱を受け入れて、これを下級の神職が行うようになった。**そして彼らが御祈禱師と呼ばれ、やがてそれが略されて御師となったのである。初期の御師としては、熊野の御師が代表的で、彼らは朝廷や貴族の熊野参詣に際して、祈禱や宿泊の便宜をはかった。また、御師と参詣者の関係はしだいに固定化されて「師」と「檀那《だんな》」の師檀関係をとり結ぶようになった。

貴族だけでなく武士や庶民の参詣も広まる中世では、伊勢の御師が有名である（伊勢の場合は「おんし」と読まれることが多い）。近世になると、伊勢の御師は、代理人である先達《せんだつ》を各地に定住させ、先達を介して参詣者を募り、信者集団である「伊勢講」を結成させ、伊勢参詣を一気に大衆化した。また御師の活躍によって、伊勢神宮を勧請《かんじょう》した天照大神《あまてらすおおみかみ》を祀る神明社《しんめいしゃ》が全国に建立されていった。

そして、このような御師制度が、伊勢以外の神社にも広がっていったのである。

Q32 「弁天さま」は神社なのか、それともお寺なのか？

✪江島神社は江戸時代までは神仏混淆の霊場だった

江島《えのしま》神社（神奈川県藤沢市）は、現在は宗像《むなかた》三女神（田心姫神《たごりひめのかみ》・湍津姫神《たぎつひめのかみ》・市杵島姫神《いちきしまひめのかみ》）を祭神としているが、幕末までは弁財天《べんざいてん》を祀る神仏混淆《こんこう》の霊場で、江島明神《みょうじん》または江島弁天と呼ばれるのがふつうだった（「明神」は霊験のある神・神社を意味する尊称）。江の島の海蝕《かいしょく》洞窟「お岩屋」を霊地として礼拝《らいはい》したのがそもそものルーツと考えられるが、弁財天が祀られて信仰が盛んになったのは鎌倉時代からである。

『吾妻鏡《あずまかがみ》』によると、養和《ようわ》二年（一一八二）、源頼朝の命を受けた文覚上人《もんがくしょうにん》が奥州の藤原秀衡《ひでひら》調伏《ちょうぶく》のため、弁財天をこの島に勧請《かんじょう》したという。以後、武士や庶民の篤《あつ》い信仰を集め、厳島《いつくしま》（広島の厳島神社）、竹生島《ちくぶじま》（琵琶湖上の竹生島神社）と並ぶ日本三大弁天のひとつとなり、また全国に弁天霊場が広がる契機にもなった。

ただし弁財天は、正しくは「日本の神」ではない。北インドの河神・水神であるサラスヴァティーが護法神として仏教に採り入れられたもので、正式には弁才天と書く。

仏教では、弁才天にまずは武神としての性格が加わった。『金光明最勝王経《こんこうみょうさいしょうおうきょう》』によれば弁才天は八臂《はっぴ》にて武具をとり、戦いで災いを払うという。また、同経によれば、弁才天は知恵や音楽の神でもあるという。

さらに日本では、弁才天は宇賀神《うがじん》と習合した。宇賀神は神仏習合の過程で生まれた新しい神で、蛇身人頭という不気味な姿をしているが、帰依《きえ》すれば福禄と長寿を得るという。蛇はしばしば水神の化身とみられたので、そのことから、水を司《つかさど》る弁才天が連想され、習合したのだろう。こうして弁才天は福神という性格も併せもつようになり、「弁財天」という名も生じたのである。

弁財天は、仏教、神道、神仏習合など、外来・在来の多様な信仰が混淆したハイブリッドな神格の典型で、日本ではこのほかに吉祥天《きっしょうてん》や荼吉尼天《だきにてん》といった仏尊がそれぞれ複雑に神と習合し、各地で信仰された。仏なのか神なのか、お寺なのか神社なのか――ご利益《りやく》を願う民衆にとっては、そうした弁別は、さして重要ではなかったのだ。

Q33 修験道の聖地は神社とお寺のハイブリッドだった？

◆神仏習合の一大聖地だった出羽三山

山形県の中央部にそびえる月山《がっさん》・羽黒山《はぐろさん》・湯殿山《ゆどのさん》の三つの山は出羽三山《でわさんざん》と総称され、それぞれ頂上には月山神社（祭神＝月読命《つくよみのみこと》）、出羽《いでは》神社（祭神＝稲倉魂命《うかのみたまのみこと》）、湯殿山神社（祭神＝大山祇命《おおやまつみのみこと》・大己貴命《おおなむちのみこと》・少彦名命《すくなひこなのみこと》）が鎮座し、信仰の中心である羽黒山には三山三社を合祀《ごうし》した「三神合祭殿」がある。

しかし、出羽三山が神社としてなかば強引に整備されたのは明治維新以降のことで、それまでは**非常に仏教色の濃い神仏習合、すなわち修験道《しゅげんどう》の聖地であり、行事や祈禱《きとう》は仏教的な様式で行われていた。**そして、三山の霊場や祭神はただ「出羽三所権現《でわさんじょごんげん》」と総称されるのがふつうだったのである。

修験道は、役行者《えんのぎょうじゃ》を開祖に仰ぎ、日本古来の山岳信仰に密教や神仏習合などが混《こん》淆《こう》して形成されたものだが、やはり山を神聖視する神道あるいは神社と比較した場合、顕著な違いは、山をたんに拝むのではなく、そこに登ることを重視したところにある。山そのものをご神体とする神社は数多く存在するが、それはあくまでも拝む対象であり、むやみに足を踏み入れてはいけない禁忌の神域だった。ところが修験者《しゅげんじゃ》・山伏《やまぶし》は、峻厳な山々を登拝《とはい》し、あるいは岩屋に籠って行を積むことで、山の神霊と一体化し、霊力を身につけることをめざしたのである。

伝承によれば、出羽三山の開山は崇峻《すしゅん》天皇（六世紀）の皇子能除太子《のうじょたいし》で、役行者もここで修行したという。中世には修験者の一大拠点となり、本地《ほんじ》として羽黒山は観音、月山は阿弥陀如来《あみだにょらい》、湯殿山は大日如来《だいにち》がそれぞれ配され、神仏習合の霊場としてにぎわったのである。英彦山《ひこさん》、熊野《くまの》、白山《はくさん》など、山岳信仰と強く結びついた修験道の聖地はその多くが現在は神社となっているが、出羽三山の例にみられるように、中世から近世にかけては、それらは、仏教化した神である権現を祀る、きわめて仏教色の濃い神仏習合の霊場として栄えていたのである。そして、修験者や山伏たちは、社僧《しゃそう》と並ぶ神仏習合の重要な担い手でもあったのだ。

Q34 なぜ中世に熊野詣が流行ったのか？

◆熊野三山では個人の現世・来世の幸福が祈願された

平安時代、おびただしい数の貴族や上皇《じょうこう》・法皇《ほうおう》たちが争うようにして熊野《くまの》へ参詣し、その波はやがて武士・庶民にも及び、その隆盛の様は「蟻《あり》の熊野詣《もうで》」と評された。なぜ、熊野詣がこのように急速に盛んになったのだろうか。

熊野三山（和歌山県）は現在、家都美御子神《けつみみこのかみ》を祀る熊野《くまの》本宮大社《ほんぐうたいしゃ》（本宮）、熊野速《はや》玉神《たまのかみ》を祀る熊野速玉大社（新宮《しんぐう》）、熊野《くまの》夫須美神《ふすみのかみ》を祀る熊野那智《なち》大社（那智山）からなる。このうち、早くから史料にみえるのは、本宮と新宮の二社で、いずれも紀伊半島南部の山深い地に暮らす人々が山の神を祀ったのがルーツと考えられる。そして、十一世紀の終わり頃までに、大滝をご神体とする那智山がこれに加わり、三山体制ができあがった。神仏習合は早くから進み、『日本霊異記《にほんりょういき》』や『法華験記《ほっけげんき》』には、熊野山中で法華経修行に励んで入定《にゅうじょう》する僧侶たちの話が収められている。

上皇・法皇の熊野詣は、延喜《えんぎ》七年（九〇七）の宇多《うだ》法皇を嚆矢《こうし》とし、白河《しらかわ》院の九回（一〇九〇〜一一二八）、鳥羽《とば》院の二十一回（一一二五〜五三）、後白河《ごしらかわ》院の三十四回（一一六〇〜九〇）、後鳥羽《ごとば》院の二十八回（一一九八〜一二二一）など、院政期約百三十年のあいだには、百回近くに及んでいる。京都からの熊野詣は往復に一ヶ月を要し、出発前には七日間の物忌《ものいみ》をはじめとする煩瑣《はんさ》な前行を遂げなければならなかった。

神仏習合の聖地であった熊野三山の信仰は、**地縁・血縁に限定された従来の神社参拝とは異なり、個人の現世と来世の安穏《あんのん》が願われた点に特徴がある。**平安後期に浸透した仏教の浄土信仰の影響で熊野自体が浄土視され、熊野に参詣すれば、現世の幸福を得るだけでなく死後には極楽浄土へ往生できるという信仰が生まれたからである。

そして、すでに触れたように、**天皇は天照大神に奉仕するのが原則で、しかも私的祈願はタブーだった。しかし、退位すればそのタブーはなくなる。**このことが、退位後の天皇すなわち法皇・上皇を熊野御幸《ごこう》に駆り立てることになり、院政の隆盛とともに、貴族、武士、庶民へとその波が及んでいったのである。

Q35 大きな神社には武装した神職がいた？

◆神社の警備にあたった神人とは

平安時代、比叡山《ひえいざん》（延暦寺《えんりゃくじ》）や奈良の興福寺《こうふくじ》など、中央の大寺院が、「僧兵《そうへい》」（悪僧、衆徒、法師武者《ほうしむしゃ》）と呼ばれる武装した僧侶の軍勢を有していたことはよく知られている。平安時代末期（院政期）には、大寺院の僧兵は武士や朝廷、院庁《いんのちょう》に対抗する強大な勢力となり、しばしば強訴《ごうそ》や闘争を繰り返した。

じつは**神社にも、寺院の僧兵に相当する人たちがいた。それを「神人《じにん》」という。**

神人は、神主や宮司《ぐうじ》などの社家《しゃけ》に仕えて、神事や社務の補助や雑役にあたった下級神職もしくは寄人《よりうど》（居住する荘園の領主以外の社寺・貴族に従属した人々）のことで、彼らは、社頭や祭事の警備にあたったことから武器を携帯するようになった。有名なのは、奈良の春日社と、比叡山の山麓にある日吉社《ひえ》の神人である。そして、神仏習合

◎神人が関わった強訴の事例

1105(長治2)年	延暦寺衆徒・日吉社神人、神輿を奉じて入京し、大宰権帥藤原季仲の罷免を強訴。
1113(永久元)年	興福寺の僧徒、春日神木を奉じて勧学院に至り、延暦寺系の清水寺別当円勢の罷免を強訴。
1147(久安3)年	延暦寺衆徒、日吉・祇園神人らと神輿を奉じて入京し、祇園社で乱闘事件を起こした平忠盛・清盛の流罪を強訴。
1169(嘉応元)年	延暦寺の衆徒、神輿を奉じて入京し、延暦寺領の神人に乱暴した尾張国目代藤原政友らの配流を強訴。
1177(治承元)年	延暦寺・白山宮衆徒、神輿7基を奉じて入京、白山宮の末寺の神威を汚した加賀守藤原師高の流罪を強訴。
1191(建久2)年	延暦寺衆徒、日吉社神人を殺害した佐々木定綱らの処罰を求め、神輿を奉じて強訴する。

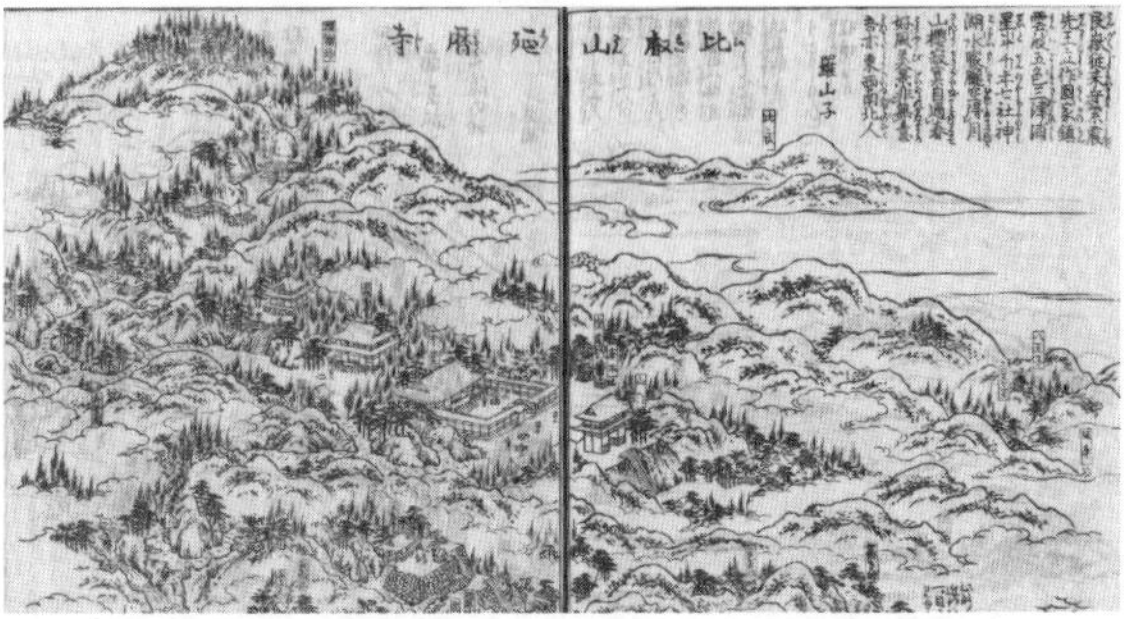

比叡山延暦寺。麓に日吉社が鎮座する。『都名所図会』(国会図書館蔵)より。

が進んだ中世において、春日社は興福寺の鎮守神《ちんじゅがみ》、日吉社は延暦寺の鎮守神としてそれぞれ勢力を保っていた。したがって、春日神人は興福寺の僧兵と、日吉神人は延暦寺の僧兵と、それぞれ一体となって強訴を行ったのである。

強訴とは、武装した僧兵・神人がただ群れをなして権力者のもとに押しかけ、要求を強引につきつけるというものではない。**彼らは、強訴の際、神々の神意の体現とされた神輿《しんよ》（みこし）や神木《しんぼく》を奉じて入京し**、この行動が神威の発動であることを誇示した。だからこそ、当時の為政者は強訴をひどく恐れたのである。

◆中世の権力者を脅かした神人たちのデモ

長治二年（一一〇五）、延暦寺・日吉社の僧兵・神人が、神輿をかついで入京し、大内裏《だいだいり》の正門に迫った。日吉社神人の殺害に関与した大宰権帥《だざいのごんのそち》藤原季仲《すえなか》の罷免《ひめん》が、彼らの要求だった。これは日吉神輿が入京した最初とされている。「神輿を神域から勝手に動かすのはなんということだ」と神人たちを非難する声もあがったが、結局季仲は罷免され、強訴は受け入れられている。

久安《きゅうあん》三年（一一四七）には、平清盛も関わった祇園《ぎおん》乱闘事件が起こった。清盛が家来を武装させたまま祇園社に田楽《でんがく》を奉納したところ、祇園社の神人が抗議して乱闘に発展。二週間後には、ついに祇園社の本寺であった延暦寺の僧兵と祇園社・日吉社の神人が、清盛とその父忠盛《ただもり》の流罪を訴えて神輿をかついで入京する。鳥羽法皇は「道理にまかせて裁許する」と回答してひとまず彼らを帰山させた。ひと月以上してようやく清盛に対する処分が決定したが、その内容は、贖銅《しょくどう》（実刑にかわり銅を納めること）という軽いものだった。法皇が平氏を擁護していたからである。

平安時代末期以降、神輿・神木をかかげた強訴は頻繁に行われたが、朝廷と寺社が正面から武力衝突することはなかった。というのも、強訴を受けると朝廷は適切な妥協案を出し、そこで僧兵・神人たちが引き揚げるというパターンが次第に形成され、一種の儀式のようになっていったからである。つまり、強訴は、「神のパワー」を錦の御旗に掲げた、寺社勢力による激烈なデモンストレーションでもあったのだ。

このような性格をもつ強訴は、十世紀末から十六世紀なかばまでに、少なくとも二百回以上行われたという（伊藤正敏『無縁所の中世』）。

Q36 なぜ天神と稲荷が全国に広まったのか？

◆稲荷神は穀霊信仰が淵源

現在、小祠も含めると全国に約三万あるという稲荷《いなり》神社は、奈良時代創建と伝わる京都の伏見《ふしみ》稲荷大社の神霊を勧請《かんじょう》したという形をとっている。とくに東日本に多い。

伏見稲荷社の創祀伝承は『山城国風土記《やましろのくにふどき》』逸文《いつぶん》にみえる。渡来系氏族である秦《はた》氏の遠祖秦伊侶具《いろぐ》が餅を的にして弓を射たところ、餅が白鳥となって山の峰に降り立ち、そこに稲が生えた。そこでそれを社の名（稲生《いねな》り＝イナリ）とした。この伝承からすれば、稲荷神社は、稲作に関わる神として秦氏に奉斎《ほうさい》されたものということになる。

また、伏見稲荷を奉斎した氏族としては、秦氏の他に荷田《かだ》氏がある。荷田氏は伏見稲荷の社家《しゃけ》となったが、彼らは土着の氏族とみられ、伏見稲荷社の境内《けいだい》にある稲荷山（「お山」と呼ばれる）を山の神として崇《あが》めていたと思われる。伏見稲荷社は旧来の神

◎稲荷・天神信仰の多様性

稲荷神
京都市伏見区の伏見稲荷大社が総本宮

氏神
伏見に住み着いた渡来系氏族・秦氏、伏見土着の氏族・荷田氏らが奉斎。

習合信仰
荼吉尼天・宇賀神・宇迦之御魂神などと習合し、豊穣・商売繁盛の神へ。

仏教
「空海が東寺を訪れた稲荷神を供養した」という伝説が生じた。

民俗信仰
狐を神使とする田の神・山の神として信仰され、民衆に広まる。

天神
京都市上京区の北野天満宮が総本社

御霊信仰
九州に左遷されて死んだ菅原道真の祟りを恐れ、「天神」として祀る。

学問の神
学者・文人であった道真を学問の守護神として信仰。禅宗起源。

雷神信仰
道真没後、京都で頻発した雷（神鳴り）を神の怒りと考えて、恐れる。

天神信仰
道真以前の古代から存在した、雷雨神としての「天神」への信仰。

山信仰と渡来系の穀霊信仰が結びついて生じたものと言えるだろう。

平安時代に入ると、こうした稲荷信仰を弘法大師《こうぼうだいし》（空海《くうかい》）と結びつける神話が生まれる。「弘法大師が神の化身である老翁を京都の東寺《とうじ》（真言宗）に招いた。稲を担いでやって来た老翁に大師は食事の供養を行ったのち、東寺の杣山《そまやま》（建築用材を採る山）に案内した。これが伏見稲荷社の起源である」（『稲荷大明神流記《るき》』）というものだ。

密教による鎮護《ちんご》国家の道場とされた東寺と強く結びついたことで、稲荷信仰は朝廷や貴族たちに広く受け入れられ、稲荷神は天慶《てんぎょう》五年（九四二）に正一位《しょういちい》の神位を得、伏見稲荷社は十一世紀には朝廷を守護する二十二社のひとつに選ばれている。

やがて稲荷信仰は庶民にも広がってゆくが、その主因としては、**穀霊・山霊の性質をもつ稲荷神が、全国各地の田の神・山の神と習合していった**ことが考えられる。また、狐を神使とするとされた稲荷神が、霊狐を駆使する呪法を操った修験者《しゅげんじゃ》や陰陽《おんみょう》師《じ》と結びついて信者を増やしていったとも考えられている。時代が進むにつれ、さらに稲荷神はさまざまな神仏と習合し、多様な霊験《れいげん》をもつ「神」へと進化していった。

◆天神は雷雨神信仰と結びついて広まった

一方、西日本とくに九州に多く分布するのが天神社《てんじんしゃ》（天満宮《てんまんぐう》）だ。天神信仰は右大臣を務めた学者菅原道真《すがわらのみちざね》を神として崇めたことに始まる。讒言《ざんげん》により都から大宰府《だざいふ》へ左遷された道真が延喜《えんぎ》三年（九〇三）にその地で亡くなった後、京都で落雷などの天変地異や不幸が起きた。朝廷はこれを道真の祟《たた》りとみて京都の北野にその霊を祀り、道真は雷神さらに農耕神として「天満大自在天神《てんまんだいじざいてんじん》」と尊呼された。これが北野天満宮のルーツである。以後、道真を祀る社は天満宮または天神社と呼ばれるようになった。

九州に多いのは、道真の墓所に建てられた太宰府天満宮の影響が大きいとみられる。

中世には、「道真は唐に渡って学を深めた」という伝説が禅宗に生じ、もともと文人だったせいもあって、天神は「学問の神」としての性格を深め、近世には寺子屋の守り神ともなり、その信仰が庶民に浸透していった。

また、**天神信仰の素地には雷雨神としての「天神」への信仰があり**、それが道真の御霊《ごりょう》信仰と習合したために、広く伝播《でんぱ》したとも考えられている。ちなみに、京都の北野は、天満宮が創建される以前から、「雷公」が祀られていたらしい（『西宮記』）。

Q37 なぜ源頼朝は八幡宮を信仰したのか？

◆八幡神が源氏の氏神となった理由

九州の宇佐八幡宮《うさはちまんぐう》を淵源とする八幡信仰は、古代、朝廷や仏教と結びつくことで中央に進出し、中世に入ると、宇佐から勧請《かんじょう》された京都の石清水《いわしみず》八幡宮が信仰の拠点となり、石清水八幡宮は十一世紀末には伊勢神宮に次ぐ地位を確立するほどになる。

八幡神（八幡宮の祭神）はその後もさらに信仰圏を広げる。なぜかというと、源氏が八幡神を氏神《うじがみ》にしたからである。その理由としては、二つのことがまず考えられる。

ひとつは、八幡神が新羅《しらぎ》征討を行った神功《じんぐう》皇后・応神《おうじん》天皇母子と結びつけられていたことから、弓矢の神・戦勝の神とみなされるようになったことである。つまり武神となったので、武家である源氏の尊崇《そんすう》を受けたわけである。

もうひとつは、石清水八幡宮の創建時の天皇であった清和《せいわ》天皇が、源氏の嫡流であ

◎八幡神社を全国に広めた３つの要素

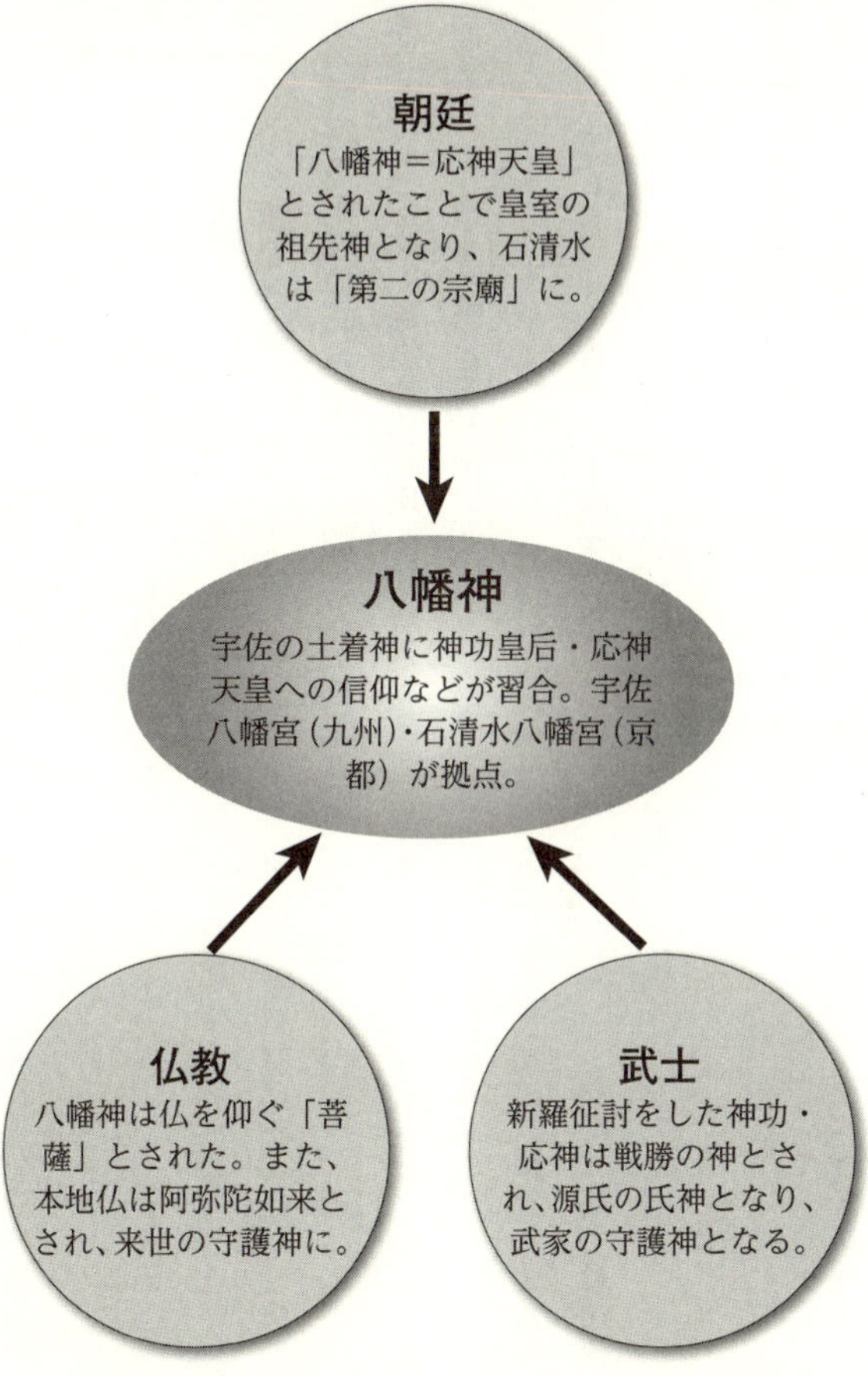
朝廷
「八幡神＝応神天皇」とされたことで皇室の祖先神となり、石清水は「第二の宗廟」に。
八幡神
宇佐の土着神に神功皇后・応神天皇への信仰などが習合。宇佐八幡宮（九州）・石清水八幡宮（京都）が拠点。
仏教
八幡神は仏を仰ぐ「菩薩」とされた。また、本地仏は阿弥陀如来とされ、来世の守護神に。
武士
新羅征討をした神功・応神は戦勝の神とされ、源氏の氏神となり、武家の守護神となる。

る清和源氏の祖であったことである。また、清和帝を介して天皇家の血を引く源氏の人間には、八幡神と同体である応神天皇の末裔としての意識もあったであろう。

源氏（清和源氏）が八幡神を氏神としたことがわかる最初の史料は、永承《えいしょう》元年（一〇四六）の源頼信《よりのぶ》の告文《こうもん》である。このとき頼信は、誉田《こんだ》八幡宮（大阪府羽曳野市《はびきのし》）に氏祖としての八幡大菩薩《だいぼさつ》に家門の繁栄を願っている。誉田八幡宮は応神天皇陵に建つ石清水八幡宮の末社《まっしゃ》である。また、頼信の子頼義《よりよし》は前九年《ぜんくねん》の役《えき》（一〇五一～六二）の戦勝を報謝し、石清水八幡宮を相模国《さがみのくに》由比郷《ゆいごう》に勧請した。また頼義の子義家《よしいえ》は、寛徳《かんとく》二年（一〇四五）、石清水八幡宮の社前で元服し、八幡太郎と称したと伝わる。

そして、治承《じしょう》四年（一一八〇）、打倒平氏のために挙兵した頼朝は、鎌倉に入ると、由比郷から鎌倉鶴岡《つるがおか》に八幡宮を遷《うつ》す。建久《けんきゅう》二年（一一九一）、これが火事で焼失すると、改めて石清水八幡宮を勧請して社殿を造営。これが鶴岡八幡宮である。

◆頼朝の影響で武士たちが全国に八幡宮を勧請した

頼朝は旧来の呪術的信仰を強く抱いていた人物で、神仏に幾度となく戦勝祈願を繰り返していたが、彼が最も篤《あつ》く信仰した神祇が、伊勢神宮と、氏神である八幡宮だった。頼朝は鶴岡八幡宮の恒例祭祀に積極的に参列し、現代の初詣のように、元旦にはほぼ毎年参詣している。こうした頼朝の信仰が彼を棟梁《とうりょう》と仰ぐ武士たちにも波及し、八幡神は武家全体の守護神のようになり、武士たちが地頭《じとう》などとして任地に赴くと、各地に八幡宮が勧請・建立されることになっていったのである。

また、貞永《じょうえい》元年（一二三二）に定められた、鎌倉幕府の基本法典である『御成敗式《ごせいばいしき》目《もく》』に、御家人《ごけにん》の守るべきこととして第一条に「神社を修理し、祭祀を専《もっぱ》らにすべき事」とあり、続いて「神は人の敬ひによって威を増し、人は神の徳によって運を添ふ」と記されたことは、武士たちの神祇崇敬《すうけい》に強い影響を与えた。

鎌倉時代以後も、室町幕府の足利《あしかが》家、江戸幕府の徳川家が源氏を祖に置いたこともあり、八幡信仰は勢いを失うことがなかった。また、本地《ほんじ》が阿弥陀如来とされたことから八幡神は来世の安楽を保証するという信仰が生じ、この勢いを増進させている。

八幡宮・八幡神社が全国に広まったのは、八幡神が朝廷・仏教・武士という、日本の歴史を動かした三者と深くつながり、かつ多様な信仰と習合したからなのである。

Q38 戦国時代の京都に建てられた八角形の神社とは？

◆日本のあらゆる神を祀った大元宮

戦国時代の文明《ぶんめい》十六年（一四八四）、京都の吉田山《よしだやま》（京都市左京区）の上に、八角形をした風変りな神殿が出現した。将軍足利義政《あしかがよしまさ》の妻・日野富子《ひのとみこ》の援助により、神道家の吉田兼倶《かねとも》（一四三五〜一五一一）が造営したもので、「大元宮《だいげんぐう》」と名づけられたその神殿には天神地祇《てんじんちぎ》・八百万《やおよろず》の神が合祀《ごうし》され、その後方には伊勢神宮、神祇官八神《じんぎかんはっしん》殿《でん》、全国式内《しきない》諸社を祀る殿舎がならぶ。あわせて「大元宮斎場所《さいじょうしょ》」と呼ばれたこの霊場は、洛中の吉田邸内にあった原型となる施設を遷《うつ》して改めたもので、日本のあらゆる神々を一ヶ所に集めて祀った、ユニークな祈願所だった。

吉田家は、古くは朝廷の亀卜《きぼく》を司《つかさど》り、神祇官の次官を世襲した卜部《うらべ》氏の流れを汲み、神祇官が衰退しても、『日本書紀』をはじめとする古典と神祇故実に通じた神道の名

◎吉田神道の教説

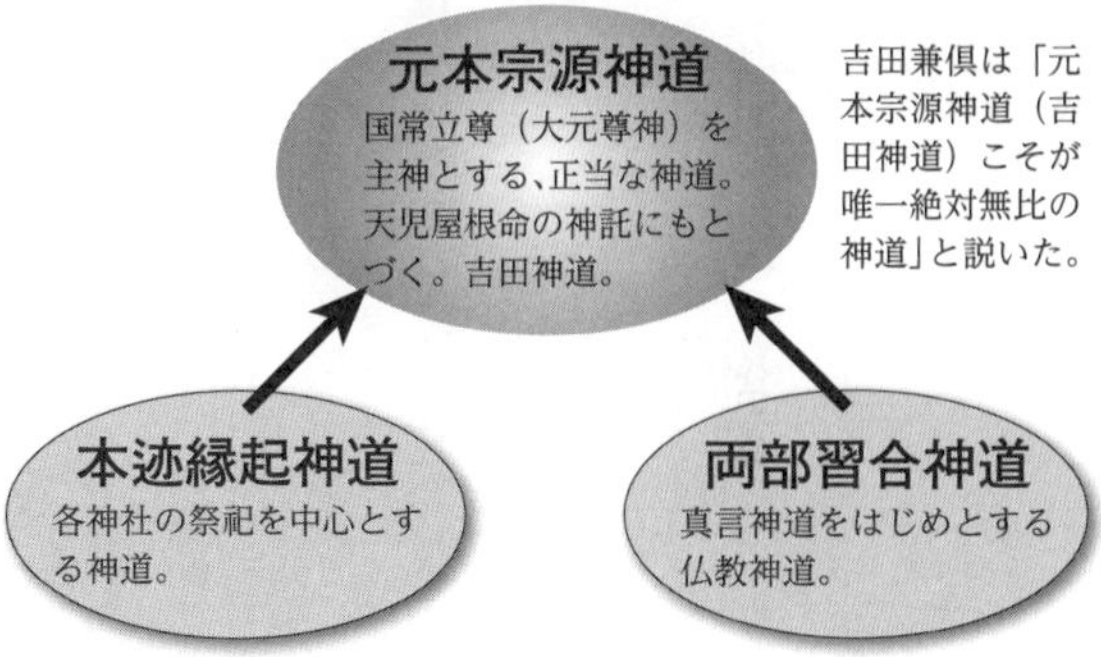
元本宗源神道
国常立尊（大元尊神）を主神とする、正当な神道。天児屋根命の神託にもとづく。吉田神道。
本迹縁起神道
各神社の祭祀を中心とする神道。
両部習合神道
真言神道をはじめとする仏教神道。

吉田兼倶は「元本宗源神道（吉田神道）こそが唯一絶対無比の神道」と説いた。

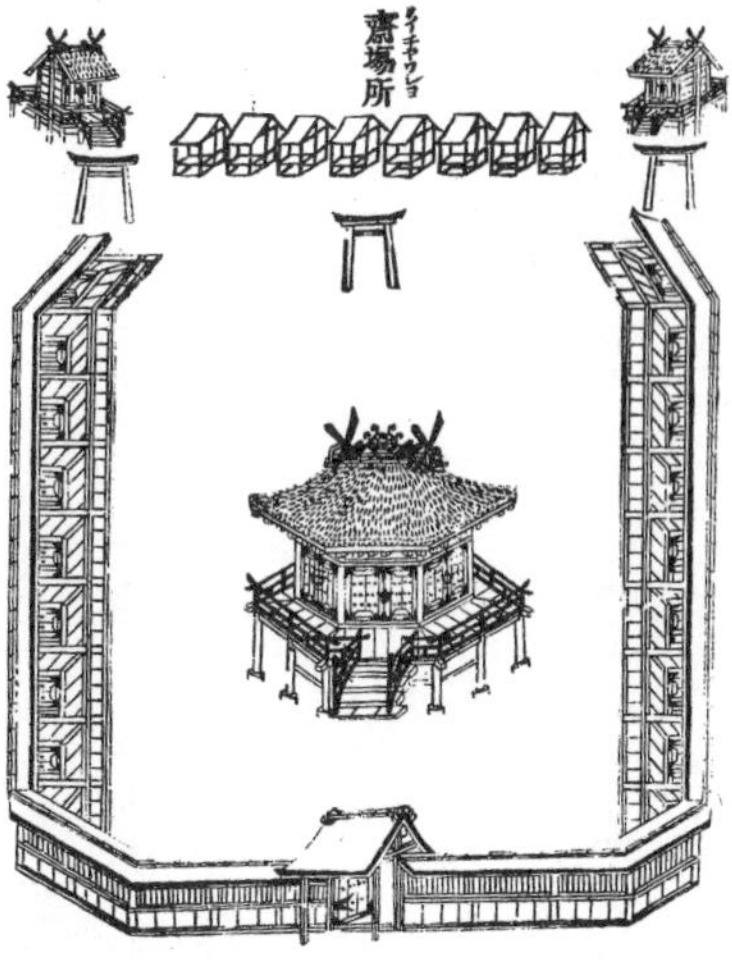
斎場所《タイヂヤウシヨ》

京都の吉田社に造営された大元宮斎場所。大元尊神を中心に、八百万の神、全式内社の神を祀る。吉田兼倶は、神武天皇が初めて行った神マツリの斎場を遷座したものと主張した。『神道名目類聚抄』より。

家として公家や武家に重んじられ、その名声は神祇官の長官を世襲した白川伯王家《しらかわはくおうけ》をしのぐほどだった。しかし、応仁《おうにん》の乱（一四六七〜七七）によって京都が戦乱状態に陥ると、神祇官の庁舎や吉田家の屋敷、二十二社のひとつでもあった吉田社も焼亡してしまい、朝廷儀礼や祭祀も中絶してしまう。

◆近世には吉田神道が神社界を支配

だが、家職を継承していた兼倶は、逆境をバネに、新たな神道説の形成に取り組みはじめる。その教説は、従来の神道を本迹縁起《ほんじゃくえんぎ》神道・両部習合《りょうぶしゅうごう》神道・元本宗源《げんぽんそうげん》神道の三つに分類し、このうちの元本宗源神道こそが唯一無比のものであり、全宇宙の根源である国常立尊《くにのとこたちのみこと》（大元尊神《だいげんそんしん》）を主神とするこの「唯一神道」を正しく継承しているのは、吉田家のみであるとするものだった。兼倶はこうした神道説を自家に秘伝されてきたものだと主張したが、実際には兼倶の独創部分が多い。またその教理は密教や陰陽道《おんみょうどう》、道教《どうきょう》など、さまざまな宗教の教理を取り入れていた。このような兼倶が創唱した神道を、元本宗源神道、唯一神道、吉田神道などと呼ぶ。

そして**吉田神道のシンボルとして建てられたのが、大元宮斎場所だったのである。**この霊場には、中心に祀られる大元尊神に天照大神《あまてらすおおみかみ》以下の八百万の神、全式内社が帰一することが表現されていたのである。

さらに兼倶は、吉田家の奉祭場である「斎場所」は、神武《じんむ》天皇が初めて行った神マツリの斎場を京都に遷座したものであるとする由緒を喧伝《けんでん》したが、これももちろん史実ではなかった。また、「伊勢神宮の神器が吉田山に降臨した」という作り話をわざと朝廷に奏上し、天皇を信じ込ませて斎場所に伊勢の神威を取り込むという荒技もやってのけている。ちなみに、この時期にはちょうど伊勢の内宮《ないくう》・外宮《げくう》間で争乱が起き、火が内宮の神殿にまで及んでご神体の安全が危ぶまれるという事態が生じていた。

このような兼倶の活躍により、吉田家は朝廷・幕府の支持を得、各地の神社に神位・神号を授与し、神職を任命する権利を独占的に獲得するにいたる。江戸時代には幕府が発行した「諸社禰宜神主等法度《しょしゃねぎかんぬしとうはっと》」によって神社支配を公認され、斎場所には古代の神祇官の後身にあたる神祇官代が置かれて、神祇官祭祀の一部がここで再興された。こうして吉田家は神道の家元のような存在となり、神社界に君臨したのである。

Q39 武田信玄が神社に奉納した起請文とは何か？

牛王宝印に記された誓約

式内社《しきないしゃ》である長野県上田市の生島足島《いくしまたるしま》神社には、ここに武将たちを集めた武田信玄が永禄《えいろく》九年（一五六六）～十年に奉納した「起請文《きしょうもん》」が総計八十三通残され、国の重要文化財に指定されている。起請文とは「ある事柄を神仏に誓うとともに、もしそれが嘘だったら、あるいはその誓約を破ったら、それらの神仏の罰を受けてもよいという言葉を記した文書」（佐藤弘夫『起請文の精神史』）のことで、中世を通じて、貴族・武士から僧侶・庶民にいたるまで、広く起請文を書いて誓約をすることが行われた。

「牛王宝印《ごおうほういん》」という護符《ごふ》の一種の裏に記し、血判を押すのが通例だった。牛王宝印は紀伊の熊野《くまの》三山が出したものが有名で、半紙大の紙に熊野神の神使である八咫烏《やたがらす》が何

江戸時代の起請文に用いられた熊野牛王符（牛王宝印）。「組目付起請文」（国会図書館蔵）より。

羽も刷り込まれている。熊野の神は虚言を正すという信仰があったことから、起請文にしばしば用いられるようになったらしく、熊野だけでなく各地の社寺で発行された（「牛王」の語の由来についてはよくわかっていない）。

起請文の書式は、誓約事項を述べた「前書《まえがき》」と、差出者が信仰する神仏のリストと「誓約を破った場合には神仏の罰を受けてもよい」という旨を記した「神文《しんもん》」（罰文《ばつもん》）からなる。生島足島神社に残る起請文のなかから例を挙げると、信玄の家臣小河原重清と神保昌光は連名で次のような起請文を記している（現代語訳大意）。

「謹んで起請文を申し上げます。

一　武田信玄様に対し奉り、逆心をもち、また謀反などを企てることは致しません。

一　長尾輝虎《ながおてるとら》（上杉謙信）をはじめ敵方より、どんな利益をもって誘われても、敵方には、同意致しません。

一　甲州・信州・西上州三ヶ国の諸卒が逆心を企てても、私は一心に武田信玄様をお守り申し上げて、忠節を尽くします。

右の箇条に違反するようなことがあれば、梵天《ぼんてん》・帝釈《たいしゃく》・四大天王・八幡大菩薩《はちまんだいぼさつ》・富士《ふじ》浅間《せんげん》大菩薩・諏訪《すわ》上下大明神《みょうじん》・上州鎮守《ちんじゅ》一二両社明神・甲州一二三大明神・愛宕《あたご》権現《ごんげん》、すべての日本六十余州大小の神々の天罰を蒙《こうむ》って、現世においては武運が永く尽き、来世においては阿鼻地獄《あびじごく》に住むことになります」

要するに信玄への忠誠を誓うもので、もしこの誓いを破れば、天界にいる仏教の守護神（梵天・帝釈・四大天王）、日本中の神々（八幡大菩薩・富士浅間大菩薩・諏訪上下大明神など）から天罰を被ってもかまいません、と述べているわけだ。

◆人々は神社の祭神をリアルにイメージしていた

ここで神々のリストに注目してみると、「八幡大菩薩」は、たんなる「八幡神」ではなく、石清水《いわしみず》八幡宮あるいは宇佐《うさ》八幡宮という特定の「場」に鎮座する武家の守護神としての「八幡神」の姿がイメージされていると考えられる。「富士浅間大菩薩」は、富士山頂を奥宮とする富士宮の浅間大社、あるいはそこに鎮座する神を指しているのだろう。そして、「諏訪上下大明神」は、一見、諏訪湖畔の諏訪大社を指しているように思えるが、生島足島神社が戦国時代には「下之郷《しものごう》諏訪明神」と呼ばれ、下社と上社が存在していたということを考えれば、生島足島神社に鎮座する神を指していると見るのが妥当だろう。つまり、このような**起請文を記していた人々が思い描いていたのは、記紀神話に出てくるような人格神などではなく、あくまでも神社という特定の「場」に直結した神**だったのであり、だからこそリアルにイメージすることができ、誓いも真に迫ったものになりえたのである。

また、農村では、一揆などを起こす際、神社に集合して起請文を記し、それを焼いて神水に混ぜて回し飲みをし、結束をはかることも行われた。

Q40 なぜ秀吉や家康は神社に祀られたのか？

◆秀吉は吉田神道式に祀られる

慶長《けいちょう》三年（一五九八）、豊臣秀吉が六十三歳で没すると、ただちに京都東山の阿弥陀ヶ峰西麓に秀吉を祀る豊国《とよくに》神社を建てる準備がはじまった。そこを社地とするのは秀吉の遺言であると説明された。翌年四月に仮殿が完成、秀吉の遺骸が山頂に埋葬された。同月には勅使が派遣されて「豊国大明神《とよくにだいみょうじん》」の神号が宣下《せんげ》され、遷宮式が行われて正式に豊国社が誕生した。ただちに正一位《しょういちい》の神位が授けられ、徳川家康も参詣している。神号は日本国の美称「豊葦原中津国《とよあしはらのなかつくに》」にちなむと説明された。ただし、秀吉自身は八幡神として祀られることを望んでいたという。

豊国社創建で豊臣側のブレーンとして活躍したのが、吉田神道の当主兼見《かねみ》である。神号は彼の意見にもとづくもので、遷宮式の作法も吉田神道の方式に則ったものであ

◎全国に創建されたおもな東照宮

久能山《くのうざん》東照宮	静岡市駿河区。晩年を静岡で過ごした家康が遺命により最初に葬られた地。最初の東照宮。
日光東照宮	栃木県日光市。家康の死の翌年(1617年)、遺命により遺骸が久能山から移され、霊廟となる。
仙波《せんば》東照宮	埼玉県川越市。1617年、天台僧天海が喜多院で家康の法要を行ったのがはじまり。
世良田《せらだ》東照宮	群馬県太田市。1639年、徳川家の先祖の出身地に創建され、日光東照宮が勧請された。
紅葉山《もみじやま》東照宮	江戸城内の紅葉山に1618年に創建。明治維新後、新政府によって撤去された。現在は御養蚕所が建つ。
鳳来山《ほうらいさん》東照宮	愛知県新城市。1651年、家康の生母が子授け祈願をした鳳来寺の地に創建。発願は3代将軍家光。
滝山《たきさん》東照宮	愛知県岡崎市。1646年、家光の発願により、家康の生誕地・岡崎城の近くに創建された。
日吉《ひよし》東照宮	滋賀県大津市。1623年、比叡山の麓に創建。延暦寺が管理していたが、明治以降は日吉大社の末社。

日光山東照宮の奥社、徳川家康の墳墓。大正時代の写真より。吉田神道にはじまる人霊信仰の影響を受けて、墳墓に神社が建てられるようになった。

り、神社の管理も、兼見とその弟である社僧の神龍院梵舜《しんりゅういんぼんしゅん》らに任せられた。

そもそも、英雄的人物を死後、神として祀るということ自体が、吉田神道オリジナルの発想だった。従来も人霊を祀ることは行われてきたが、それは御霊《ごりょう》信仰のように、怨霊を鎮めるためという消極的な理由によるものがほとんどだった。また、旧来の神道では死を穢《けが》れ・不浄とする立場から、神職が葬儀に関与することもタブーだった。

だが、**吉田神道は、神道式の葬儀を案出し、墓所として遺骸の上に霊社を建てることを実践した。**神の本源を人性のうちに求めようとした信仰のあらわれだった。

◆家康は山王神道式に祀られる

しかし、豊臣家が亡ぶと徳川家康は社頭一円の破却を命令、神社はたちまち衰微してしまう。その家康が元和《げんな》二年（一六一六）に駿府城《すんぷじょう》で七十五歳で没すると、今度は、家康を神格化する動きが当然のごとくはじまった。

家康には宗教関係のブレーンとして天台僧天海《てんかい》、禅僧金地院崇伝《こんちいんすうでん》がいたが、生前、家康は「遺骸は久能山《くのうざん》に納め、一周忌を過ぎたら日光山に小さな堂を建てて勧請《かんじょう》せよ。

関東八州の鎮守《ちんじゅ》になろう」と彼らに遺言していたとされる。そこで、遺骸はまず駿府城に近い久能山に葬られることになったが、その葬礼は吉田神道式に行われた。

当然、神号は吉田神道流に「〜大明神」となるはずだったが、天海はこれに異を唱え、家康が「山王一実神道《さんのういちじつしんとう》にもとづいて葬ってほしい」と遺言したと証言し、神号は神仏習合式に「〜権現《ごんげん》」とすべきと主張した。山王一実神道とは、天台教学に比叡山の日吉山王《ひえさんのう》社（現在の日吉《ひよし》大社）の信仰が融合した神仏習合神道である。天海と崇伝・梵舜のあいだで激しい論争が起きたが、最終的には天海の意見が通った。秀吉を吉田神道式に祀った豊国社が失敗していたことが決め手になったとも言われる。山王神道式で改めて葬礼が行われ、朝廷からは「東照大権現《とうしょうだいごんげん》」の神号が下された。「東から照らす」「東の天照大神」という意味が込められているとされる。また、その本地《ほんじ》は、この世のはるか東方にある浄瑠璃《じょうるり》世界の教主である薬師如来《やくしにょらい》とされた。

翌年、家康の遺骸は日光に移され、天台宗系の日光山輪王寺《にっこうさんりんのうじ》の域内につくられた霊《れい》廟《びょう》に納められ、社殿が建てられた。これが東照大権現を祀る日光東照宮《にっこうとうしょうぐう》のはじまりである。家康は以後、東照神君《とうしょうしんくん》と尊称され、東照宮は全国の城下町に勧請された。

Q41 なぜ江戸時代にお伊勢参りが流行ったのか？

◆皇祖神天照大神が民衆の救済神となった

江戸時代、民衆が群れをなして伊勢神宮をめざすという大規模な集団的巡礼が、数次にわたって繰り返された。これを「おかげ参り」（「神のおかげによる参詣」の意か）と言い、江戸時代の約二百六十年間に十数回以上発生している。

初期の例では、慶安《けいあん》三年（一六五〇）、江戸の商人たちのあいだで伊勢神宮への「ぬけ参り」が流行り、正月下旬から白衣をまとった民衆が続々と参宮した。その数は一日五百～八百人にのぼったという。「ぬけ参り」とは、主人や親に無断で、道中手形も持たずに飛び出して参宮することで、おかげ参りの同義語にもなった。伊勢の神の神徳による参宮とされたため、帰郷しても咎《とが》めを受けることはなかった。白衣を着たのは、「清浄」を尊ぶ、中世以来の社寺巡礼者の風俗である。

明和《めいわ》八年（一七七一）のおかげ参りの巡礼者は二百万、天保《てんぽう》元年（一八三〇）には五百万になったとされる。数字は誇張されているだろうが、幕末期の平年の参宮者数は二十万〜五十万と言われているので、この民衆運動の熱狂ぶりがうかがい知れる。

おかげ参りの年には、天から「伊勢皇太神宮」と書かれた神様のお札《ふだ》が降ってきたとか、死人が蘇ったなどという奇瑞《きずい》の噂が伝わり、農民や町人は旗や幟《のぼり》を立て、三味線や太鼓を鳴らし、「おかげでさ、ぬけたとさ」などと賑やかにはやしながら街道を踊り歩いて伊勢を目指した。**皇祖神の天照大神が、民衆の救済神ともなった**のである。

江戸幕府倒壊直前の慶応三年（一八六七）夏には、「ええじゃないか騒動」が起きている。尾張《おわり》・三河《みかわ》・遠江《とおとうみ》などで伊勢神宮のお札が天から降って来たという風聞をきっかけに起こったもので、民衆は「ええじゃないか、ええじゃないか」とはやしながら群れをなして踊りだし、その波は全国に及んだ。実際に伊勢参宮に赴く者は少なかったが、幕末の混乱期、天照大神の神徳による世直しへの期待と民衆のエネルギーが、日本中を席巻したのだ。同年末に王政復古《おうせいふっこ》の大号令が出ると、ほどなく終息したが、この騒動は幕政の混乱を狙った討幕派による政治的工作だったとも言われている。

神社のトリビア❸

泥棒も神と拝んだ江戸っ子たち

江戸時代のなかば、鬼坊主清吉《せいきち》またの名を鬼あざみ清吉という大泥棒が各地に出没し、世を騒がせたことがあった。彼は盗み・追いはぎの名人で、しかも、神出鬼没。たった今まで江戸にいたかと思えば、たちまち十里二十里を飛んでゆく。なかなか捕まらなかったのだが、文化二年(一八〇五)四月、とうとう伊勢(京都という話もある)で縄に掛けられ、江戸に送られた。鬼坊主が江戸に着いた日には、希代《きたい》の盗賊を一目見ようと、江戸の町人たちがどっと集まったという。

二ヶ月後、鬼坊主清吉は市中引き回しのうえ、獄門に掛けられた。歳はまだ三十だった。

浅草新鳥越《しんとりごえ》の日蓮宗円常寺に墓がつくられた。宮田登『江戸の小さな神々』によると、はじめは墓前に人の姿を見かけることはさしてなかったが、しだいに詣でる人の数が増えてゆく。なかなか捕まらない強運の主ということで、いつしか信仰の対象になっていたのだ。五十年もたつと、墓石には雨覆いができ、「清吉大明神」と書かれた幟《のぼり》が立った。盗賊が神となり、墓が神社となったのである。

墓は現在、豊島区の雑司ヶ谷《ぞうしがや》霊園に移されている。

第4章

近代・現代編
大きく再生する神社の姿

Q42 何のために「神仏分離」が行われたのか？

◆神武天皇時代の祭政一致をめざした明治新政府

慶応三年（一八六七）十二月九日、「王政復古《おうせいふっこ》」の大号令が明治天皇の名において布告され、新政府が誕生、明治維新がはじまった。この号令は「神武創業《じんむそうぎょう》」のはじめにもとづく政治改革の遂行を宣言したもので、明治天皇を初代天皇神武の再来とし、祭祀と政治が一致した神権政治が行われていたとされる神武天皇の時代を再現することが、明治維新の基本理念だった。言い換えれば、祭政の核となる神道を天皇崇拝に則《のっと》った国教として改変することであり、そのためには、**神道を、仏教の影響を受ける前の本来の姿に戻すことが必要だと新政府の幹部たちは考えた。**

そこで、翌年から、神仏分離、すなわち古代以来の神仏習合の廃止に向けた具体的な政策が布告されはじめる。まず祭政一致の象徴として、応仁《おうにん》の乱以降廃絶していた

◎明治初期の神仏分離・神社関係政策年表

1868（明治元）年	3月13日	王政復古・祭政一致が宣言され、神祇官の再興が布告される。〈太政官布告〉
	3月17日	諸国神社の別当・社僧を還俗させる（神仏分離令の初め）。〈神祇事務局達〉
	3月28日	神社・神前からの仏教的要素の排除を命じる（神仏判然令）。〈太政官布告〉
	4月1日	日吉社神職が仏像・仏具を破却、延暦寺の支配から離れる（廃仏毀釈の初め）。
	4月24日	「八幡大菩薩」号を廃止し、「八幡大神」と称するよう命じる。〈太政官布告〉
1869（明治2）年	7月8日	太政官の上に神祇官が設置され、国家の祭祀・神社行政を管掌。
1870（明治3）年	1月3日	国民の神道的教化の方針を示した「大教宣布の詔」が発せられる。
1871（明治4）年	5月14日	すべての神社が国家管理となり、神官の世襲が禁止される。新社格制度が制定される。〈太政官達・太政官布告〉
	8月8日	神祇官が神祇省に格下げとなる。〈太政官布告〉

〈神仏判然令〉

（神祇官事務局達／一八六八年三月二十八日）

一、中古以来、某権現あるいは牛頭天王の類、その外、仏語を以て神号を相称え候神社少なからず候、いずれもその神社の由緒、委細に書付け、早々申し出ずべく候事。

但し、勅祭の神社、御宸翰、勅額等之あり候向きは、是また伺い出ずべく、その上にて御沙汰之あるべく候。その余の社は、裁判、鎮台、領主、支配頭等へ申し出ずべく候事。

一、仏像を以て神体と致し候神社は、以来相改め申すべく候事。

附、本地抔《など》と唱え、仏像を社前に掛け、あるいは鰐口、梵鐘、仏具等の類、差し置き候分は、早々取除き申すべき事。

右の通り仰せ出だされ候事。

※神号を仏号で称えることの由来書を提出すること、神社・神前から仏教的要素を排除することを命じている。

神祇官《じんぎかん》の再興が告げられた。次に、寺に属しつつ神社の経営権を握っていた別当《べっとう》・社《しゃ》僧《そう》の還俗《げんぞく》（神仏分離令の初め）、神社からの仏像（仏像をご神体視していた神社も多かった）・仏具・仏語の除却、権現《ごんげん》・牛頭天王《ごずてんのう》・菩薩《ぼさつ》などの仏教的な神号の廃止（神仏判然令）が命じられた。これが、いわゆる廃仏毀釈《はいぶつきしゃく》（「仏法を廃し、釈迦を棄却する」の意）の運動を引き起こし、数年にわたり廃仏毀釈の嵐が全国で吹き荒れた。

◆各地で起こった仏教弾圧

比叡山の日吉《ひえ》社は、平安時代以来、延暦寺の鎮守神《ちんじゅがみ》として発展し、神職は延暦寺の支配下にあった。しかし、明治元年（一八六八）三月に神仏判然令が出された翌日、日吉社の神職が武装した一隊を率いて延暦寺に対して日吉社本殿の鍵の引き渡しを求めた。拒まれると、暴徒は神域に乱入して本殿を無理矢理こじ開け、中に安置されていた仏像・経巻類を取り出して破壊し、焼き捨てた。そして、仏像にかえて「真榊《まさかき》」と称する金属製の「古物」が持ち込まれて新たにご神体と定められた（安丸良夫『神々の明治維新』）。これにより、日吉社は延暦寺による長年の支配から切り離されたのだ。

さらに京都では、祇園《ぎおん》社は八坂《やさか》神社、石清水八幡宮《いわしみずはちまんぐう》は男山《おとこやま》神社、愛宕山大権現《あたごやまだいごんげん》は愛宕神社と改称させられ、それぞれ仏像・仏具類は破却・除却された。

奈良では、春日社（春日大社）を鎮守神としていた名刹興福寺《こうふくじ》が廃寺となり、僧侶は全員還俗して春日社の神職に転身した。無住と化した寺はたちまち荒廃し、五重塔が二十五円で売られたというのはこのときのことだ。

廃仏毀釈の動きは、国民の神道的教化の方針を示した「大教宣布《たいきょうせんぷ》」の詔《みことのり》が発せられた明治三年（一八七〇）頃にピークに達したが、以後は鎮静に向かい、神祇官は神祇省として太政官《だじょうかん》の一省に格下げとなって、神道国教化政策は後退していった。これは、祭政一致は近代国家において、また西欧諸国との関係を考えても、現実的ではなく、また、民衆に浸透していた仏教、例えば浄土真宗《じょうどしんしゅう》などの協力が近代化には必要とみられたせいでもあった。

神仏分離は必ずしも仏教弾圧が目的ではなく、過激な廃仏毀釈運動は政府側が意図したものではなかった。だが、腐敗した仏教界に反発する民衆を巻き込んだために、既成権威に対する破壊運動と化したのだ。

Q43 神社の祭神が明治維新で変更されたのはホント？

✪スサノオを祀る八坂神社は明治生まれ

明治維新の神仏分離政策は、神社にとっても決して有利なことばかりではなかった。政府主導の宗教改革は、寺院に劣らず、神仏習合に慣れきっていた神社側にも大きな混乱と動揺をもたらした。まず、神職の世襲が禁止されて社家の多くが窮地に陥った。さらに強行されたのが、社号と祭神の変更である。

寺院と神社が結合していた京都の祇園社《ぎおんしゃ》は、八坂《やさか》郷にあったことから八坂神社と改称された。「祇園」が、古代インドの須達《しゅだつ》長者が釈迦に寄進した「祇園精舎《しょうじゃ》」にちなんだ仏教的な名称だったので、改められたのである。また祭神は牛頭天王《ごずてんのう》から素戔嗚尊《すさのおのみこと》に改められた。牛頭天王は、祇園精舎の守護神・疫病退散の神と信じられたが、仏教系の尊格だったために、同じ疫病除けの神ということで牛頭天王と習合していた素

◎明治維新による社名・祭神の変更事例

社名	祭神名
仁王護国寺〔宮崎〕→鵜戸神宮	鵜戸山権現→ウガヤフキアエズ命
大山寺〔鳥取〕→大神山神社奥宮	智明権現→大己貴神
金毘羅大権現〔香川〕→金刀比羅宮	金毘羅大権現→大物主神
祇園感神院〔京都〕→八坂神社	牛頭天王→素戔嗚尊
妙楽寺（多武峯寺）〔奈良〕→談山神社	談山大明神→藤原鎌足
金精明神〔奈良〕→金峯神社	金精明神・蔵王権現→金山毘古神
竹生島弁天〔滋賀〕→都久夫須麻神社	弁財天→宗像三女神
白山本宮〔加賀〕→白山比咩神社	白山妙理権現→菊理媛尊・伊弉諾尊・伊弉冉尊

鶴岡八幡宮の境内にあった大塔。廃仏毀釈がはじまる直前の1868年に撮影された貴重な写真。翌年、破却された。

素戔嗚尊が表面に出されたのだ。なお、社伝は、祇園社はもともと素戔嗚尊を祀っていたとするが、創祀伝承はいくつかあり、本来の祭神は「祇園天神」だったと考えられる。祇園社は全国に勧請《かんじょう》されてその多くは天王社と呼ばれていたが、これにともない八坂神社・八雲神社などと改称し、祭神も素戔嗚尊に変更された。

江島弁天《えのしまべんてん》（江島明神）は江戸時代には与願寺《よがんじ》とも称し、弁財天像を本尊兼ご神体としたが、神仏分離令で江島神社と改称し、三重塔などの仏教施設は破壊され、祭神は宗像《むなかた》三女神（田心姫神《たごりひめのかみ》・湍津姫神《たぎつひめのかみ》・市杵島姫神《いちきしまひめのかみ》）に改められた。弁財天が水を司《つかさど》る女神であることから、海の女神である宗像神が擬せられたのだろう。琵琶湖の竹生《ちくぶ》島弁天《じまべんてん》は都久夫須麻《つくぶすま》神社と改称され、祭神はやはり宗像三女神と定められた。弁財天像は観音堂に移され、宝厳寺《ほうごんじ》として独立することになった。このように、全国の弁天社には明治維新で宗像神（市寸島比売命《いちきしまひめのみこと》）を祀る神社に姿を変えたところが多い。

◆信仰対象が有名神へと次々に変換される

江戸時代、関東を中心に「第六天《だいろくてん》社」という神社が多数存在した。「第六天」とは仏教の尊格で、三界《さんがい》のうちの欲界《よくかい》にある第六層（最上層）、つまり第六天に住む魔王。仏道の妨げをする悪魔とみなされたが、強い法力をもつとも信じられ、修験者《しゅげんじゃ》が信奉したことで広まったらしい。しかし、神仏分離令が出ると、第六天は神世七代の第六代にあたる面足尊《おもだるのみこと》・惶根命《かしこねのみこと》の夫婦神と解されて祭神が変更され、さらに社号が改称されたり、他の神社に合祀《ごうし》されたりして、多くの第六天社は姿を消していった。

この他にも、地方の小さな神社には、仏像をご神体として、山の神、地主神などを祀る民俗信仰的な神社が多かったが、山の神→大山祇神《おおやまつみのかみ》、地主神→大国主神《おおくにぬしのかみ》・少彦《すくなひこ》名神《なのかみ》というふうに祭神が改められ、仏像は撤去されて新たなご神体が指定された。

このように、神仏分離にともなう神社の祭神の変更は、建前は神仏習合前の祭神に戻すという形だったが、現実に行われたのは、記紀神話や『延喜式《えんぎしき》』「神名帳《じんみょうちょう》」によって権威づけられた特定の神々に信仰対象を転換するという作業であり、それは、**全国の神社を国家的なイデオロギーのもとに包摂するという役割をもはたした**のである。そして、今日の神社の多くは、明治の神仏分離によって祭神が変更されていて、現行の社号や祭神としての歴史は、意外に浅いのである。

Q44 近代に制定された新たな社格制度とは？

◆全国のすべての神社が国家管理下に置かれる

明治新政府および神祇官《じんぎかん》は、成立後、ただちに全国の神社調査を開始した。古代に定められた社格制度（70ページ参照）は、律令制《りつりょうせい》が崩壊して以降、形骸化していたが、これに代わる新たな社格制度を整備するためだった。そして、これによって全国のすべての神社を国家が掌握することが目論まれたのである。

明治四年（一八七一）五月、神社を「国家の宗祀《そうし》」（国家公共の祭祀施設）とする布告とあわせて、新たな社格制度が公布された（同時に神職の世襲も禁じられた）。

その後やや変更もあったが、最終的に全国の神社は、『延喜式《えんぎしき》』にならいつつ、官《かん》幣大社《ぺいたいしゃ》・官幣中社・官幣小社、別格官幣社《べっかくかんぺいしゃ》、国幣大社《こくへいたいしゃ》・国幣中社・国幣小社、府社、県社、郷《ごう》社、村社、無格社（小社）に分けられることになった。

このうち官幣社は神祇官が祀るものとされ、例祭では皇室から幣帛料《へいはく》が支出された。国幣社は地方官が祀るものとされ、例祭の幣帛料は国庫から支出された。別格官幣社は、明治以降に創建された、皇室や国家に尽くした人物の霊を祀る神社がおもに列格された。郷社は郷村の産土神《うぶすながみ》とされた。子どもが生まれたら、氏子《うじこ》として神社（郷社）に届け出て守札《まもりふだ》を受け、これを戸籍替わりとする「氏子調《うじこしらべ》」も一時期実施された。

当初官幣社として列格されたのは九十七社。最も数が多いのは無格社で、明治三十九年（一九〇六）時点で約十三万社だった。また官・国幣社は官社、それ以外は諸社と呼ばれた。皇祖神を祀る伊勢神宮は社格を超越した社とされ、**全国のすべての神社は、伊勢神宮を最高位としてピラミッド型に再編された**。そして、その社格に応じて、神社の運営が国家によって保障・監督されることになったのである。

ただし、明治三十年代以降には、神社行政の合理化をはかるべく、村社・無格社など小規模の神社を整理・統廃合し、「一村一社」を目標とする神社合祀の政策が推進された。その結果、全国に約二十万（明治三十九年）あった神社数が、大正五年（一九一六）には十二万社にまで減少している。

Q45 宮中三殿は明治に創出された新しい「伝統」？

◆江戸時代までは歴代皇霊は仏教式に供養されていた

皇居に宮中三殿《きゅうちゅうさんでん》という建物がある。天照大神《あまてらすおおみかみ》を祀る賢所《かしこどころ》、歴代の天皇・皇族の霊を祀る皇霊殿《こうれいでん》、天神地祇《てんじんちぎ》を奉斎《ほうさい》する神殿の三つからなるもので、天皇は年間を通じてここでさまざまな宮中祭祀を執り行う。いわば天皇家専用の神社である。

一見、古代からの伝統をもつようにも映る宮中三殿だが、その歴史は意外に浅く、これもまた明治の新たな神社制度の賜物《たまもの》なのである。

再興されて東京に置かれた神祇官《じんぎかん》には、明治二年（一八六九）、古代の神祇官にならって、神殿が建立されて「八神」が中央に祀られた。八神とは、宮廷を守護するとされた神産日神《かみむすひのかみ》・高御産日神《たかみむすひのかみ》他、計八柱の神々である（67ページ参照）。翌年正月には、神殿の東座に天神地祇、西座に歴代皇霊が鎮祭され、十四日には明治天皇が神祇官に行幸《ぎょうこう》して親祭した。古来の八神に加えて、天神地祇と歴代皇霊が神祇官に奉斎されたのは、国家が直接、全国の神社・祭神を管理するという姿勢を示すものだった。

一方、天皇家では、京都御所の時代から宮中の賢所（内侍所《ないしどころ》、温明殿《うんめいでん》）に天照大神の御霊代《みたましろ》である神鏡を祀っていたが、東京遷都に伴い、それは皇居へ遷《うつ》されている。

ところが、明治四年（一八七一）、神祇官は太政官《だじょうかん》下の神祇省に格下げとなり、これにあわせて、歴代皇霊は宮中に遷座されることになった。さらに翌年、神祇省が教部省に改組されると、八神と天神地祇も宮中に遷座された。こうして、**従来の賢所に皇霊殿・神殿を加えた、宮中三殿の原型ができあがり、天皇による皇室祭祀の体系が整備されることになった**のである。そして、宮中三殿では主要なものだけで約二十種の宮中祭祀が執り行われたが、その多くは、明治以後に制定された祭典だった。

ちなみに、京都御所時代には、御所内に歴代天皇の位牌《いはい》をおさめる「御黒戸《おくろど》」と呼ばれる仏堂があり、歴代皇霊はここで仏教式に供養されていた。

なお、明治四年頃、伊勢神宮のご神体である神鏡も東京の宮中に遷すという神宮動座論が神祇官側から巻き起こったが、地元の反撥もあって、立ち消えとなった。

Q46 「神社神道」と「国家神道」とは何か？

◆戦前に唱えられた「神道非宗教説」が発端

近代の神社・神道が語られる際、「神社神道」「国家神道」という用語がしばしば登場するが、この二つの語は多義的で、文脈に応じてニュアンスも異なってくる。

明治維新以降、神祇官《じんぎかん》を設置して祭政一致を掲げた政府は、神道を国教化し、全国の神社を天皇崇拝を核とする中央集権的なシステムに再編し、国家の管理下に置こうとした。しかし、国家の近代化をはかるには、国際的にも信教の自由を保障し、政教分離の原則を貫く必要があり、また仏教側の反撥もあったため、最終的には神道国教化の方針は見送られた。なお、神祇官は明治四年（一八七一）に神祇省へと格下げになり、さらにその後、神社行政の管轄は教部省（一八七二）、内務省社寺局（一八七七）、社寺局から独立した神社局（一九〇〇）、神祇院（一九四〇）へと移行している。

◎近代の社格制度

伊勢神宮
社格を超越した存在。近代の神社神道の中心。神宮司庁が管掌。

官幣社
例祭には皇室から幣帛料が供進された。
大社 62 社　中社 26 社
小社 5 社　別格官幣社 28 社

国幣社
例祭には国庫から幣帛料が供進された。
大社 6 社　中社 47 社
小社 44 社

諸社
例祭には府県または市町村から公費が供進された。郷社は郷村の産土神社とされた。
府県社 1148 社
郷社 3633 社
村社 4 万 4943 社
無格社(小社) 5 万 9997 社

＊神社数は昭和20年(1945)時点のもの。

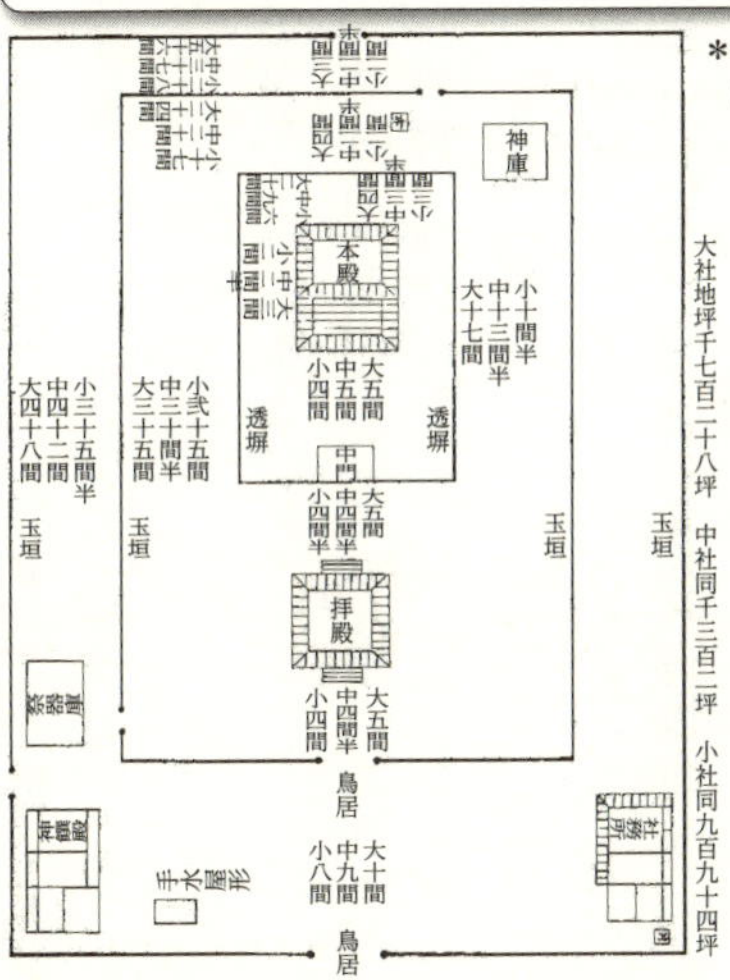

明治8年(1875)制定の「官国幣社制限図」より。内務省訓令による社格ごと(大・中・小)の社殿の配置、規模などを記し、仏教色を排した神社建築の指針となった。近代に創設・再建された官国幣社の多くは、社殿の規格や配置をこれに準拠することになった。

神道国教化に代わって台頭したのが、「神道は宗教ではない」として、神道を他の宗教から隔てて別格視しようとする「神道非宗教説」である。そして、政府による神社制度の再編が進むなかで、神道は、布教・教化を中心とする「宗教」と、天皇崇敬《すうけい》と神社祭祀を中心とする「非宗教」とに分離されることになった。

前者の、国家公認というかたちで布教活動が許可された「宗教」としての神道は、教派《きょうは》神道と呼ばれた。これには、出雲大社《おおやしろ》教や伊勢の神宮教（神宮奉斎《ほうさい》会の前身）など、「非宗教」としての神道を不服として独自の宣教活動を行った神職が組織した教団や、天理教《てんりきょう》や黒住教《くろずみきょう》のような天皇崇敬とは異なる独自の神道系教義をもつものも含まれる。一方、「非宗教」としての神道は、教派神道と区別されて神社神道と総称された。つまり、**一般の宗教から分離した、「教義」をともなわない、神社祭祀を中心として展開された神道を、神社神道と呼んだ**のである。

そして神社神道は、宗教ではないので国家から支援・保障を受けることができるとされたのだが、結果として国家によって管理されたので、神社神道が国家神道とも呼ばれるようになったのである。

◆現代でも論議を呼ぶ「国家神道」の定義

国家神道のもとでは、神社は国家祭祀のための公的施設となり、明治後期から大正期にかけて神社祭祀は皇室祭祀を中心とした再編成と体系化が進み、全国で画一的な儀礼が行われることになった。また、神職は国家が任用する官吏的存在となり、明治なかばからは、官・国幣社に対して、経費が国庫から恒常的に支給された。そして、昭和の戦時下では、国民に神社参拝が強制されるようにもなってゆく。

ただし、**国家神道という語そのものは昭和戦後に連合国軍最高司令官総司令部（GHQ）が用いてから普及した**もので、その定義については、「神社神道と皇室神道が結合して国教的な存在となった神道」「明治維新から昭和戦前までの国家のイデオロギーとなった宗教」など、さまざまなとらえ方があり、現代でも論争の的となっている。ところが、昭和戦後になると、国家神道に対して、国家の管理を離れた神道、つまり非国家神道としての神道のことが「神社神道」と総称されるようになった。そして、神社神道は個人的・民間的な宗教的営みとしての神道を指すものともとらえられたのである。

Q47 なぜ明治時代に人間を祀る神社が次々に創建されたのか？

◆「人を神として祀る神社」の三タイプ

明治後期以降、政府は地方の小社を中心に神社の統廃合を強行して、大正初期には神社の総数をほぼ半分にまで減らしている。だが、その一方で、国費・公費を投じて有力な神社をあいついで創建してもいるのだ。

このように、政府主導で創建された近代の神社には、特徴がある。それは、その多くが「人を神として祀る神社」であることだ。死者を祭神として神社に祀ることは、御霊《ごりょう》信仰や、吉田神道の人神信仰、山王一実《さんのういちじつ》神道による家康の神格化といった形で、すでに行われてはいたが、その数は明治以降に飛躍的に増えている。

近代創建の人を神として祀る神社には、大きくは次のような三つの類型がある。

①天皇・皇族を祀る神社（白峰《しらみね》神宮、橿原《かしはら》神宮、明治神宮、鎌倉宮《かまくらぐう》ほか）

◎人を神として祀るおもな神社(近代以降創建)

神社名	祭神	鎮座年
《南朝皇族・功臣》		
鎌倉宮(神奈川県鎌倉市)	護良親王	明治2年(1869)
湊川神社(神戸市)	楠木正成	明治5年(1872)
《軍人》		
靖国神社(東京都千代田区)	戦没者	明治2年(1869)
乃木神社(東京都港区)	乃木希典	大正12年(1923)
東郷神社(東京都渋谷区)	東郷平八郎	昭和15年(1940)
《天皇》		
白峰神宮(京都市上京区)	崇徳・淳仁天皇	明治元年(1868)
橿原神宮(奈良県橿原市)	神武天皇	明治23年(1890)
吉野神宮(奈良県吉野町)	後醍醐天皇	明治25年(1892)
平安神宮(京都市左京区)	桓武天皇	明治28年(1895)
明治神宮(東京都渋谷区)	明治天皇・昭憲皇太后	大正9年(1920)
《その他》		
建勲神社(京都市北区)	織田信長	明治2年(1869)
護王神社(京都市上京区)	和気清麻呂	明治7年(1874)
報徳二宮神社(神奈川県小田原市)	二宮尊徳	明治25年(1892)

戦前の橿原神宮。明治まで、神武天皇を主祭神とする神社はなかった。『神国日本神まうで』(1943年)より。官幣大社。

②南北朝時代の南朝方の「忠臣」など、国家・天皇に忠節を尽くしたと考えられた歴史上の人物を祀る神社（建勲《たけいさお》神社、湊川《みなとがわ》神社、藤島《ふじしま》神社、菊池神社ほか）
③幕末・明治維新以来の動乱・戦役による死者、もしくは軍功をたてた軍人を祀る神社（松陰《しょういん》神社、東郷神社、靖国神社、護国神社ほか）

例をあげると、①の白峰神宮（京都市上京区）は、明治元年の明治天皇即位直後に、崇徳《すとく》天皇を祀って建てられたもので、平安末期に保元《ほうげん》の乱を起こして敗れ、讃岐《さぬき》に流されて悲運の死を遂げた天皇の霊が戊辰《ぼしん》戦争さなかの新政府軍に祟《たた》りをなすことを恐れて、急遽創建されたと言われる。のちに、淡路に配流《はいる》されて没した奈良時代の淳仁《じゅんにん》天皇を合祀している。古代以来の御霊《ごりょう》信仰にもとづいた神社と言えるだろう。

橿原神宮（奈良県橿原市）は、初代神武《じんむ》天皇を祀るために、神武天皇が即位したとされる畝傍山《うねびやま》の麓の橿原宮伝承地に明治二十三年（一八九〇）に創建されている。

◆天皇・国家への忠誠者を祀った別格官幣社

②の湊川神社（神戸市）は、南朝の忠臣の代表である楠木正成《くすのきまさしげ》をその戦死地である

兵庫の湊川に祀って明治五年（一八七二）に創建されたもので、造営費を寄進した明治天皇が「正成神霊」と記した神鏡がご神体となった。鎮座祭には勅使が派遣され、最初の別格官幣社《べっかくかんぺいしゃ》となった。政府は、忠臣顕彰を強調するため官幣社に列格することを当初は考えていたが、神社とは本来、神もしくは神裔《しんえい》（天皇・皇族を含む）を祀る施設であり、忠臣といえども、臣下にすぎない人間を官社の祭神とすることに異論があったため、「別格官幣社」という新たな社格がわざわざ創案されたのである。

以後、南朝の忠臣を祀る神社の創建があいついだが、これらも別格官幣社に列格されている。つまり、天皇・国家への忠誠者の慰霊顕彰が、別格官幣社の役割だった。

③の神社も、吉田松陰のような勤王志士は祀られても、西南戦争で新政府軍に歯向かった西郷隆盛は無視されるという具合に、政府が創建のうえで第一に考慮したのは、あくまでも天皇・国家への忠誠であった（鹿児島の西郷の墓地に設けられた参拝所が、西郷敗死から四十年以上経って神社として認められたが、社格は無格だった）。

人を神として祀るメカニズムは、古くから神道に存していたが、**近代に量産された人を神に祀る神社は、国家神道の強化をはかる装置として利用された**と言えるだろう。

Q48 靖国神社はほかの神社とどう違う？

◆志士たちの霊を祀る幕末の「招魂祭」がルーツ

近代の「人を神に祀る神社」の集大成が靖国《やすくに》神社だが、ルーツは幕末の京都にさかのぼる。文久《ぶんきゅう》二年（一八六二）、幕末の動乱で没した志士たちの霊を祀る祭儀が、京都東山の霊山《りょうぜん》で諸藩の志士たちによって行われた。翌年には祇園《ぎおん》社（現在の八坂《やさか》神社）境内に小祠が建てられ、殉難志士を慰霊する「招魂祭《しょうこんさい》」が催された。「招魂」とは、幽界にある霊魂を一時的に招き降ろして祀ることである。さらに明治元年（一八六八）、新政府は布告を発し、京都の霊山に招魂社を設け、幕末の尊王派の殉難者と、戊辰《ぼしん》戦争での官軍側の戦没者の霊を祀った。各地の藩（県）でもこれにならって招魂社を創建し、明治六年（一八七三）までにその数は全国で百を超えた。

明治二年（一八六九）、東京遷都にともない、東京に官軍の全戦没者を祀る招魂社

◎靖国神社の戦没者合祀数（昭和戦前）

年月日	合祀者数
昭和4年4月	167
7年4月	531
8年4月	1,711
9年4月	1,668
10年4月	814
11年4月	974
12年4月	1,148
13年4月	4,532
10月	10,334
14年4月	10,389
10月	10,379

＊戦時中は年2回、臨時大祭で合祀された。秦郁彦『靖国神社の祭神たち』より。

年月日	合祀者数
昭和15年4月	12,799
10月	14,400
16年4月	14,976
10月	15,013
17年4月	15,017
10月	15,021
18年4月	19,987
10月	19,991
19年4月	20,005
10月	20,197
20年4月	41,318
累計	375,326

合祀祭での招魂式に参列する遺族たち。『靖国神社臨時大祭記念写真帖（昭和13年10月）』より。

を創建することが決まった。当初は上野が社地になる予定だったが、戊辰戦争で多くの徳川軍が戦死した上野は「亡魂の地」として避けられ、九段の地が選ばれた。

同年六月に造営がはじまり、わずか十日で竣工、六月二十九日に招魂式が行われ、戦没者三五八八名の霊が仮本殿に鎮祭され、東京招魂社と称した。これが靖国神社のはじまりである。明治十二年（一八七九）には明治天皇の「聖旨」にもとづき靖国神社と改称し、別格官幣社《べっかくかんぺいしゃ》に列格された。靖国には「安国」（国を安らかにする）の意が込められている。なお、各地に建てられた招魂社は、靖国神社を総本社とするとされ、昭和十四年（一九三九）にはすべて護国神社と改称している。

◆他の神社にはみられない靖国神社の三つの特色

靖国神社には、他の神社にはみられない特性がいくつかみられた。

ひとつは、**亡くなった人間をまとめて「神」として祀った（合祀《ごうし》した）**という点である。靖国神社では、動乱や戦争による死者が、「祖国に殉じた尊い神霊（靖国の大神）」として、（戦後に祀られた皇族を例外として）身分や階級の別なく、一律平等に合祀され、祭神となっている。靖国神社側の発表によれば、令和六年（二〇二四）現在で、祭神数は二四六万六千余柱に及んでいる。

二つ目は、**軍部が所管した**という点だ。一般の神社は内務省が所管したが、靖国神社は創建時から軍部が運営に深く関わり、明治二十年（一八八七）からは、陸軍省・海軍省の共同管轄となった。昭和十年（一九三五）以後は、合祀者の審査・選定も陸軍・海軍両省の手に完全に委ねられることになった。

三つ目は、**祭神の基準が変則的**という点である。当初は、明治維新前後の新政府側の「戦死者」が合祀の対象だったが、日清《にっしん》・日露《にちろ》と対外戦争が生じていくにつれ民間人を含む戦没者全般に合祀の対象基準が拡大されている。

新祭神合祀の神事は、戦死者の霊を招魂場（斎庭《ゆにわ》）に招き迎えて「御羽車《おはぐるま》」という神輿に乗せ、それを神殿へと移動させて鎮祭＝合祀するという、二段階からなり、これに天皇の親拝が続いた。合祀者の名前は霊璽簿《れいじぼ》に謹書されて本殿に奉安された。

国家神道・軍国主義のシンボルとみなされる靖国神社だが、日清戦争以前には、境《けい》内《だい》で競馬やサーカスが興行され、老若男女でにぎわう東京の新名所でもあった。

Q49 明治神宮はなぜ大都会につくられたのか？

◆官民が連携して生まれた大都会の鎮守の森

明治四十五年（一九一二）、明治天皇が崩御《ほうぎょ》すると、東京の青山練兵場で大喪《たいそう》の儀が執り行われ、遺骸は特別列車で京都まで運ばれて、伏見桃山《ふしみももやま》に設けられた御陵《ごりょう》に埋葬された。京都に陵所を定めたのは、「死んだら生まれ故郷に還って眠りたい」という天皇自身の遺詔《いしょう》によるとされている。

一方、崩御直後から、「東京に御陵に次ぐようなものを」という声が東京市民からあがり、実業界の長老渋沢栄一《しぶさわえいいち》と阪谷芳郎《さかたによしろう》東京市長らの呼びかけで、明治天皇を祀る神社すなわち明治神宮創建を国に誓願する有志委員会が立ち上げられた。こうした運動が功を奏し、大正二年（一九一三）には「明治神宮建設ニ関スル建議案」が国会で満場一致で可決された。また大正三年に昭憲《しょうけん》皇太后が崩御すると、皇太后も合祀《ごうし》することが決定、翌年、内務省に明治神宮造営局が設置された。

鎮座地には筑波山や富士山を推す声もあったが、最終的には皇居の西方、代々木《よよぎ》の南豊島御料地《みなみとしまごりょうち》が選定され、造営事業が開始された。そこは当時は「代々木の原」と呼ばれるような草地で、樹木はほとんどなかったが、全国からの約十万本の献木と全国の青年団の勤労奉仕によって整備され、やがて帝都の真ん中に森厳かつ広大な神域が出現した。今も鬱蒼と茂る緑豊かな「代々木の杜」は、純然たる人工林なのだ。

また、大喪《たいそう》の儀が行われた青山練兵場には明治神宮外苑が造成され、明治時代を描いた絵画を展示する聖徳《せいとく》記念絵画館や野球場などのスポーツ施設が建設された。内苑（神宮）の造営には国費があてられたが、外苑は国民からの献金を資金とした。

明治神宮は大正八年（一九一九）に竣工、翌年明治天皇・昭憲皇太后の御霊代《みたましろ》を神座に奉安する鎮座祭が斎行された。主要社殿は昭和二十年（一九四五）の空襲で焼失したが、同三十三年に復興されている。外苑は昭和元年（一九二六）に竣工している。

近代最大の創建神社である明治神宮は、**官民が連携して大都会に実現した、計画的な「鎮守《ちんじゅ》の森」**なのである。

Q50 戦前に建てられた海外神社とは?

◆台湾に皇族を祀る神社が創建される

近代の創建神社には、人を神に祀る神社とは別に、もうひとつの流れがあった。それは、昭和戦前の日本の植民地や占領地などに建てられた「海外神社」だ。

明治三十四年（一九〇一）、台湾に台湾神社（台北市《タイペイ》）が官幣大社《かんぺいたいしゃ》として創建され、鎮座式が行われた。祭神は、開拓神とされる大国魂命《おおくにたまのみこと》・大己貴命《おおなむちのみこと》・少彦名命《すくなひこなのみこと》の三神一座と、皇族の北白川宮能久親王《きたしらかわのみやよしひさ》一座の、あわせて四神である。能久親王は、明治二十八年（一八九五）、日清《にっしん》戦争をへて清から台湾を割譲されたことにともない、近衛師団長として台湾に渡り、征討軍を指揮したが、現地で病没した。すると、異国の地で非業《ひごう》の死を遂げた皇族を慰霊すべく台湾に神社を創建することが国会で建議され、創建に至ったのだ。それまでにも、日系人・在留邦人を中心に海外に神社が建て

◎戦前に創建された海外神社（官・国幣社）

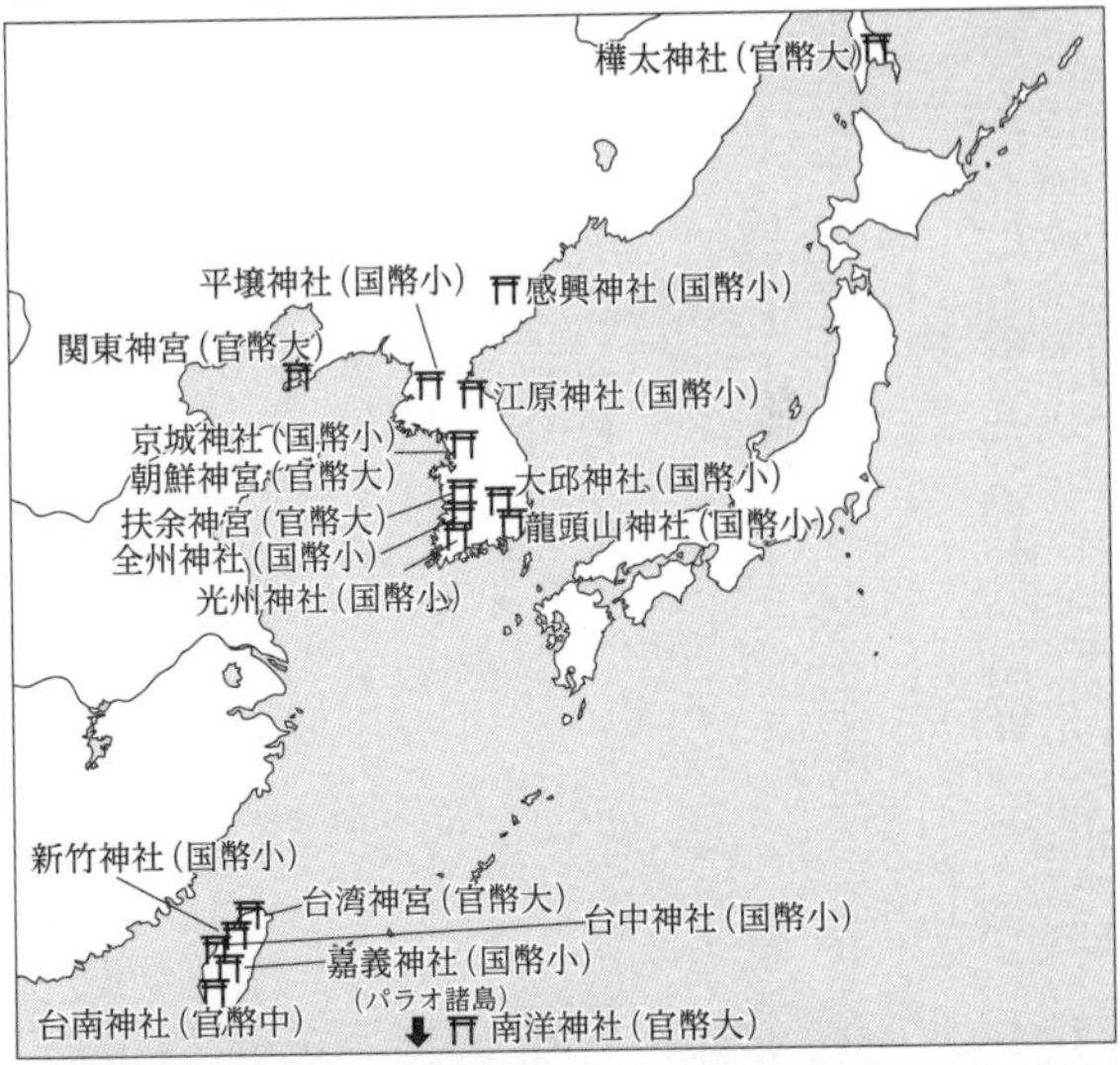

ソウルにあった朝鮮神宮。戦前の絵葉書より。

られることはあったが、官立の海外神社は、台湾神社が史上初だ。以後、台湾に神社がいくつも建てられたが、そのほとんどが能久親王を祭神とした。なお、台湾神社は、昭和十九年（一九四四）、天照大神《あまてらすおおみかみ》が祭神に加わり、台湾神宮と改称している。

日韓併合時代の朝鮮半島では、大正十四年（一九二五）にソウルの南山《ナムサン》に朝鮮神宮が朝鮮総督府の主導で創建され、官幣大社となった。南山は古来、王城鎮護の霊山とされていた地で、当初は朝鮮の神話上の始祖である檀君《だんくん》を祭神にという意見もあったが、天照大神と明治天皇の二神が祀られ、例祭に勅使が派遣される勅祭社となった。

朝鮮半島には、朝鮮神宮のほか、ソウルの総氏神《うじがみ》とされた京城《けいじょう》神社（祭神＝天照大神・開拓三神、国幣小社）、平壌《へいじょう》神社（祭神＝天照大神・国魂大神、国幣小社）など、五十以上の神社が建てられている。また、総督府は、神社に至らない小規模の神道の礼拝施設を「神祠」とし、これが千以上設立されている。

◆満州・南洋にも官立の神社が出現

日露戦争後、日本の租借《そしゃくち》地となった満州では、明治三十八年（一九〇五）に安東神社（祭神＝天照大神）が建てられ、昭和六年（一九三一）の満州事変以後、神社が急増している。昭和十三年（一九三八）には、大陸鎮護の聖地として天照大神・明治天皇を祀る官幣大社関東神宮を旅順《りょじゅん》に創立することが内閣告示によって発表され、六年後の昭和十九年に竣工、鎮座式が行われたが、創建から一年もたたずして敗戦を迎え、消滅した。この他に、樺太《からふと》、南洋地域（パラオなど）などにも社格をもった神社が創建されている。

戦前・戦中までに相次いで官主導で創建された海外神社は、台湾以外は天照大神を祭神とするところが多く、社殿は伊勢神宮・靖国《やすくに》神社にならった神明造《しんめいづく》りが基本だった。そして、居留民である日本人だけを対象にするものではなく、現地の住民に「神道」を宣伝・弘布する役割を担い、結果的に住民たちは参拝を強要されることになった。**海外神社は、植民地・占領地の住民の「皇民化」政策の一環でもあった**のである。

昭和二十年の敗戦とともに海外神社はその存立意義を失い、ことごとく消滅した。朝鮮神宮では、八月十六日、敗戦直後の混乱のなか、総督府の命令のもと、神霊に高《たか》天原《まのはら》へお帰り願うという「昇神の儀」を御霊代《みたましろ》（鏡）に対して行っている。

Q51 戦後に設立された神社本庁とは何か？

◆戦後、神社は国家から切り離されて宗教法人となる

終戦間際、神祇院《じんぎいん》は、全国の神官・神職に「寇敵《こうてき》」（敵国）の撃滅祈願を訓令したが、昭和二十年（一九四五）八月十五日、日本は連合国軍に降伏した。

終戦後、ＧＨＱは、国家神道を軍国主義・過激なナショナリズムの元凶とみなし、ただちに神道・神社に対する措置の検討をはじめた。そして同年十二月、「神道指令」が日本政府に対して発令された。これは、神社に対する国家による支援・監督や公的な財政援助の禁止、伊勢神宮や官国幣社での宗教的式典に関する国家の指令の撤廃、神祇院の廃止などを定めたもので、神社と国家の分離がねらいだった。一方、国家神道から切り離された「神社神道」は、国民それぞれの個人的宗教という形での存続が認められることになった。この指令を受けて昭和二十一年（一九四六）二月には神祇

院や明治維新以来の神社関係法令はすべて廃止、翌年には国有となっていた神社の境内地は無償あるいは低額で神社側に譲渡されることが決まった。

一方、神祇院廃止が決定すると、神社関係の民間団体であった大日本神祇会、皇典《こうてん》講究所《こうきゅうじょ》、神宮奉斎会《じんぐうほうさいかい》の三団体が協議して新組織の結成が図られ、神祇院廃止の翌日である昭和二十一年二月三日、三団体を母胎として全国の神社および神社関係者を統合包括する宗教法人神社本庁が東京渋谷に設立され、約八万の神社が傘下に入った。

神社本庁は、伊勢神宮を本宗と仰ぎ、神道を宣布し、氏子・崇敬《すうけい》者の教化・育成を図ることを目的に掲げている。また、全国の神社はそれぞれ神社本庁に包括される宗教法人となった。**神社本庁は国家とは関係をもたない一宗教法人であり、神社神道は他の宗教と同様の扱いになった**のである。なお、靖国《やすくに》神社、伏見稲荷《ふしみいなり》大社など、一部の有力神社は、神社本庁に属さない単立の宗教法人になっている。

また、神社の国家管理の廃止にともなって明治以来の社格制度はなくなったが、神社本庁は由緒・活動・財政などの面から「別表《べっぴょう》に掲げる神社」（別表神社）を特別に選定していて、「別表神社」は社格に準じるものとしてとらえられている。

Q52 戦後の神社はどう変わったのか？

◆氏子減少や神職の後継者難が顕在化する神社界

昭和の戦後、それまでとはまったく異なる体制で運営されることになった神社は大混乱に陥り、経済的な困窮にも遭遇した。昭和二十四年（一九四九）は二十年ごとに行われる伊勢の式年遷宮《しきねんせんぐう》にあたっていたが、中止のやむなきに至っている。

しかし、昭和二十八年（一九五三）には、神社界の総力が結集されて第五十九回式年遷宮が執り行われた。この成功を機に徐々に復興が進み、高度経済成長とあわせて神社の整備・拡充も行われ、神前結婚式、初詣、七五三などの盛行とともに**戦前を上回るにぎわいを神社はみせるようになった。**平成二十五年（二〇一三）、ともに遷宮を行った伊勢神宮と出雲大社は、それぞれ年間参拝者総数が一四二〇万人と八〇四万人で、過去最高を記録。また近年では、神道・神社がそなえている自然崇拝・アニミズムの側面を強調し、エコロジーや自然環境問題と結びつけて、「鎮守《ちんじゅ》の森」としての神社のあり方を積極的に評価しようとする傾向が目立っている。

また、宮中祭祀は皇室の私的祭祀とみなされてGHQに存続を認められ、戦後も継続して行われている。賀茂《かも》神社・石清水《いわしみず》八幡宮など皇室との関わりが深い有力神社には現在も勅使が参向して勅祭が行われ、天皇と神社とのつながりは維持されている。

しかし、その一方で、神社本庁に所属していても、別表神社ではない民社と呼ばれる神社、あるいは地方の神社では、氏子減少や神職の後継者難、経営難などの問題が深刻化している。神社本庁が行った調査によると、約六割の神社は年収三百万円未満だという（『「神社・神職に関する実態調査」報告書』二〇一六年）。兼業を余儀なくされている神職や複数の小規模神社を兼務する宮司《ぐうじ》も珍しくなく、神社に宮番はいても、神主が来るのは祭りのときだけ、というのが常態化した神社も多い。

神社は、その成立以来、再構築を繰り返しつつ変容を続けてきたが、神社の未来を展望するには、「神マツリのための場」という神社の本質をよく見据えることが重要になってくるだろう。

神社のトリビア❹

ヨーロッパに最新の海外神社が誕生

平成二十六年（二〇一四）六月、イタリア半島北東部にあるサンマリノ共和国に、「サンマリノ神社」が創建された。サンマリノ共和国は人口わずか三万人だが、四世紀に古代ローマ帝国のキリスト教迫害から逃れて来た人々が共同生活をはじめたことに建国が由来すると伝えられ、敬虔《けいけん》なカトリック信徒が多く、世界最古の共和国とも言われている。

サンマリノ神社は、日本との友好のシンボルとして、また東日本大震災の犠牲者の慰霊を目的として、「日本サンマリノ友好協会」によって建立された。祭神は天照大神《あまてらすおおみかみ》。神明《しんめい》造りのお社《やしろ》は小ぶりなものながら、鳥居や石灯籠《いしどうろう》もあり、六月の鎮座祭は東京から招かれた神職が斎主となって本格的に行われた。

宮司《ぐうじ》として奉仕しているのは、地元のホテルオーナーで、出羽三山《でわさんざん》で神職の練成行をしたというフランチェスコ・ブリガンテ氏。本当の意味で民族や国境を超えた、海外神社の新たな波のはじまりとなるだろうか。

サンマリノ神社（写真提供＝サンマリノ大使館）。

資料編

おもな神社の種類と信仰

◉八幡《はちまん》信仰（八幡神社、八幡宮）

〔総本宮〕宇佐《うさ》神宮（大分県宇佐市）／〔祭神〕八幡大神《はちまんおおかみ》（応神《おうじん》天皇）・神功《じんぐう》皇后・比売大神《ひめおおかみ》／〔性格〕武家の守護神、清浄

宇佐神宮（宇佐八幡宮）が発祥地で、応神天皇の神格化とされる八幡大神を主祭神とし、その母神功皇后、宗像《むなかた》三女神と同神とされる比売大神を配祀する。奈良時代に奈良東大寺に鎮守神として勧請《かんじょう》され、平安時代には京都に勧請されて石清水《いわしみず》八幡宮が創建され、皇室の守護神として信仰を集めた。天皇家の外戚藤原氏の後押しもあったとされる。鎌倉時代には源頼朝が石清水八幡宮を鎌倉に勧請して鶴岡《つるがおか》八幡宮を改めて創建し、八幡神が武神として広く信仰される契機となった。諸国の御家人《ごけにん》や武士たちを介して庶民にも浸透し、全国にあまねく八幡宮・八幡神社が創建された。神功・応神の母子を祀ることから、安産・子育ての神としても信仰されている。

◉伊勢《いせ》信仰（神明《しんめい》社、神明宮、天祖《てんそ》神社）

〔総本宮〕伊勢神宮（三重県伊勢市）／〔祭神〕天照大神《あまてらすおおみかみ》（天照大御神、天照坐皇大御神《あまてらしますすめおおみかみ》）／〔性格〕太陽神、皇祖神、日本人の総氏神、正直

太陽の神格化であり、皇室の御祖神である天照大神を祀る伊勢神宮は、平安時代以降に貴族・武士・民衆へと信仰が広まり、参宮の便宜を図って祈禱《きとう》を行う御師《おんし》の活躍によって全国に勧請され、その神社は神明社、神明宮と呼ばれた。神宮に寄進された領地（御厨《みくりや》）に建てられたものも多い。地域的には東

海・北陸地方に多く分布する。明治に入り天祖神社と社号を変えたところが多かったが、平成以降には神明宮に復すところが増えている。

◉天神《てんじん》信仰（天神社、天満宮《てんまんぐう》）

〔総本宮〕太宰府天満宮（福岡県太宰府市）〔総本社〕北野《きたの》天満宮（京都市）／〔祭神〕天神（菅原道真《すがわらのみちざね》、天満天神、天満大自在天神《てんまだいじざいてんじん》）／〔性格〕学問・文芸の守護神

　無実の罪で左遷《させん》され、死して怨霊《おんりょう》になったと信じられた平安時代の文人菅原道真を「御霊《ごりょう》」とし、さらに「天神」として祀る神社を天神社、天満宮と呼ぶ。京都の北野の地に祀られていた地主神《じぬしがみ》の雷雨神（雷公）と合体したものとも考えられる。道真の墓所に建てられた太宰府《だざいふ》天満宮（福岡県太宰府市）の影響で、圧倒的に九州に多く分布する。道真は優秀な文人であったため、江戸時代には寺子屋の守護神としても信仰を集め、寺子屋には天神の尊像が必ず掲げられたという。至誠の神、文化芸術の神、厄除けの神などとしても信仰されている。

◉稲荷《いなり》信仰（稲荷社、稲荷神社）

〔総本宮〕伏見《ふしみ》稲荷大社（京都市）／〔祭神〕宇迦之御魂大神《うかのみたまのおおかみ》（倉稲魂神）／〔性格〕五穀豊穣・商売繁昌の神

　稲荷社の祭神については古来諸説あるが、総本宮である伏見稲荷大社は、穀神である宇迦之御魂大神（下社）のほか、佐田彦大神《さたひこのおおかみ》（中社）、大宮能売大神《おおみやのめのおおかみ》（上社）、田中大神《たなかのおおかみ》（下社摂社《せっしゃ》）、四大神《しのおおかみ》（中社摂社）のあわせて五柱を総じて稲荷大神と呼んでいる。伏見稲荷大社は奈良時代に渡来人の秦《はた》氏らによって創建され、平安時代に空海が開いた東寺の鎮守神《ちんじゅがみ》となったことで信仰圏を広げた。農業神としても信仰された稲荷社は江戸時代には新田開発にともなって江戸で爆発的に増加し、東北・関東地方に多く分布する。豊川《とよかわ》稲荷（愛知県豊川市）も稲荷信仰のメッカとして知られるが、ここは正式には妙厳寺《みょうごんじ》と言い、稲荷神と習合した荼吉尼《だきに》天を本尊とする曹洞宗《そうとうしゅう》寺院である。

◉熊野《くまの》信仰（熊野神社）

〔総本社〕熊野本宮《ほんぐう》大社（和歌山県田辺市）・熊野速玉《はやたま》大社（和歌山県新宮市）・熊野那智《なち》大社（和歌山県那智勝浦町）／〔祭神〕家都美御子神《けつみみこのかみ》・熊野速玉神・熊野夫須美神《ふすみのかみ》／〔性格〕延命長寿、無病息災

紀伊（和歌山県）の熊野を本拠地とする。『日本書紀』にはイザナミは熊野に葬られたという記述があるが、熊野は古くから他界信仰の聖地だった。平安時代の院政期から上皇《じょうこう》・法皇《ほうおう》の参詣が盛んになり、貴族・武士にも広まった。中世後期には熊野修験者《しゅげんじゃ》の勧進《かんじん》活動で全国に信仰が流布し、分社が勧請された。これは、熊野を篤《あつ》く信仰した一遍《いっぺん》を開祖とする時宗《じしゅう》の教線拡大とも関係している。関東・東北に多く分布。

◉諏訪《すわ》信仰（諏訪神社）

〔総本社〕諏訪大社（長野県諏訪市・茅野市・下諏訪町）／〔祭神〕建御名方神《たけみなかたのかみ》・八坂刀売神《やさかとめのかみ》／〔性格〕狩猟・農耕の守護神、軍神

長野の諏訪湖周辺に鎮座する上社《かみしゃ》（本宮《ほんみや》・前宮《まえみや》）と下社《しもしゃ》（春宮《はるみや》・秋宮《あきみや》）からなる諏訪大社を総本社とし、古くから水神、風神、軍神として信仰されてきた。神功皇后の新羅《しらぎ》征討を助けたのは『日本書紀』では住吉《すみよし》三神だが、中世の伝説では諏訪明神がこれに加わっている。狩猟の神としても名高く、諏訪大社では鹿の頭を神に捧げる「御頭祭《おんとうさい》」が行われている。信濃川に沿って信仰が広まったせいか、分社は長野県よりも新潟県が多い。

◉祇園《ぎおん》信仰（八坂《やさか》神社、天王《てんのう》社）

〔総本社〕八坂神社（京都市）／〔祭神〕素戔嗚尊《すさのおのみこと》（牛頭天王《ごずてんのう》）／〔性格〕水難・火難・病難除去

本拠地である京都の八坂神社は現在は素戔嗚尊を祭神とするが、明治維新までは祇園社と呼ばれ、疫病除けの神である牛頭天王を祀っていた。牛頭天王は仏教に陰陽道《おんみょうどう》、神道などが複雑に習合した神と考えられる。怨霊の慰撫《いぶ》と防疫を願う京都の祇園御霊会《ごりょうえ》は祇園祭のルーツとなり、中世には各地の都市で祇園会が行われて祇園信仰が広まった。津島《つしま》神社（愛知県津島市）も牛頭天王の社として有名で、祇園系に分類されるが、古来「津島の天王さん」と親しまれ、天王社の総本社とも言われている。

◉白山《はくさん》信仰（白山神社）

〔総本社〕白山比咩《しらやまひめ》神社（石川県白山市）／〔祭神〕菊理媛尊《くくりひめのみこと》（白山比咩大神）、伊弉冉尊《いざなみのみこと》／〔性格〕五穀豊穣

石川・福井・岐阜県にまたがる白山への山岳信仰にもとづく信仰。天台宗との関わりが深く、神仏習合が進んだ平安時代末期には白山比咩神社（白山本宮《はくさんほんぐう》）は比叡山の末院となっている。天台系の白山修験者の活動で各地に勧請されたとみられ、北陸や新潟県に多く分布している。白山信仰は朝鮮半島や渡来人との関係も指摘されている。

◉日吉《ひよし》信仰（日吉神社、日枝《ひえ》神社、山王《さんのう》神社）

〔総本社〕日吉大社（滋賀県大津市）／〔祭神〕大山咋神《おおやまくいのかみ》（山王権現《さんのうごんげん》）・大己貴神《おおなむちのかみ》／〔性格〕産業繁栄

比叡山《ひえいざん》（日枝山《ひえのやま》）の地主神を祀る日吉《ひよし》社への信仰にもとづく（比叡、日吉は古くはヒエと読まれた）。日吉社が天台宗の総本山延暦寺の鎮守神となったことで信仰の基盤ができ、全国に勧請されて広がっていった。日吉社は山王権現とも呼ばれたが、これは中国の天台宗本山国清寺が地主神「山王元弼《げんひつ》真君」を護法神として祀っていたことに由来すると言われる。滋賀県のほか、関東地方南部や北陸に多い。

◉春日《かすが》信仰（春日神社）

〔総本社〕春日大社（奈良市）／〔祭神〕武甕槌命《たけみかづちのみこと》・経津主命《ふつぬしのみこと》・天児屋根命《あめのこやねのみこと》・比売神《ひめがみ》／〔性格〕国家鎮護、武神

総本社の春日大社は藤原氏の氏神を奈良の御蓋山《みかさやま》（春日山）の麓に勧請したもの。藤原氏の繁栄とともに、興福寺と一体になって隆盛した。春日大明神は慈悲満行菩薩《じひまんぎょうぼさつ》とも称され、中世には慈悲を託宣する神として庶民にも信仰が広がり、全国に勧請された。近畿一円に多い。

◉浅間《せんげん》信仰（浅間神社）

〔総本社〕富士山本宮《ほんぐう》浅間《せんげん》大社（静岡県富士宮市）／〔祭神〕木花之佐久夜毘売命《このはなのさくやひめのみこと》（浅間大神《あさまのおおかみ》）／〔性格〕山の神、火難消除

富士山に対する信仰を主とするもので、富士山の神霊は「浅間神」と総称され、記紀神話の山神である大山祇神《おおやまつみのかみ》の娘・木花之佐久夜毘売命と同神とされる。「浅間」はアサマともセンゲンとも呼ばれるが、アサマが本来で、アイヌ語で火山の意味があるなどと言われるが、定説はない。江戸時代に富士講が形成されてとくに信仰が広まった。

◉秋葉《あきは》信仰

〔総本社〕秋葉山本宮《あきはさんほんぐう》秋葉神社（静岡県浜松市）／〔祭神〕火之迦具土神《ひのかぐつちのかみ》／〔性格〕火防鎮護

総本社の秋葉神社は社伝によれば和銅二年（七〇九）の創祀。秋葉山を中心とする神仏混淆《こんこう》の修験《しゅげん》霊場として発展し、中世には秋葉権現《ごんげん》（三尺坊《さんしゃくぼう》権現）と称され、火伏《ひぶ》せの神として信仰を集め、江戸時代には各地に分社が祀られた。明治の神仏分離で秋葉神社となり、「火」つながりということで、記紀神話に登場する火神・火之迦具土神が祭神となった。東京の秋葉原は同地に秋葉神社があったことが地名の由来。

◉氷川《ひかわ》信仰（氷川神社）

〔総本社〕氷川神社（埼玉県さいたま市）／〔祭神〕素戔嗚尊《すさのおのみこと》

武蔵《むさし》に住み着いた出雲族が奉斎《ほうさい》したことにはじまるとされ、素戔嗚尊のほか、櫛名田姫命《くしなだひめ》、大国主命《おおくにぬし》など出雲系の神々を祀り、そのほとんどが埼玉県・東京都にある。「氷川」は出雲平野を流れる「肥河《ひのかわ》」（斐伊川《ひい》）を指すとも考えられている。

【主要参考文献】

國學院大學日本文化研究所編『神道事典』弘文堂／川口謙二編著『日本の神様読み解き事典』柏書房／谷川健一編『日本の神々』（全十三巻）白水社／岡田莊司編『日本神道史』吉川弘文館／神社本庁研修所編『わかりやすい神道の歴史』神社新報社／『日本「神社」総覧』新人物往来社／伊藤聡『神道とは何か』中公新書／伊藤正敏『無縁所の中世』ちくま新書／井上寛司『「神道」の虚像と実像』講談社現代新書／岡田精司『新編神社の古代史』学生社／西郷信綱『古事記注釈』（全八巻）ちくま学芸文庫／佐藤弘夫『起請文の精神史』講談社／新谷尚紀『伊勢神宮と出雲大社』講談社学術文庫／新谷尚紀『伊勢神宮と三種の神器』講談社／新谷尚紀『神道入門』ちくま新書／新谷尚紀『日本人の葬儀』紀伊國屋書店／千家和比古他編『出雲大社』／高世仁他『神社は警告する』講談社／松前健『日本神話の謎』大和書房／村上重良『天皇制国家と宗教』講談社学術文庫／辻子実『侵略神社』新幹社／宮田登『江戸の小さな神々』青土社／安丸良夫『神々の明治維新』岩波新書／『歴史読本　特集・神社に秘められた古代史』（二〇一三年二月号）KADOKAWA

宝島SUGOI文庫

神社に秘められた日本史の謎

（じんじゃにひめられたにほんしのなぞ）

2024年9月18日　第1刷発行

監修　新谷尚紀
著者　古川順弘
発行人　関川 誠
発行所　株式会社 宝島社
〒102-8388　東京都千代田区一番町25番地
電話:営業 03(3234)4621／編集 03(3239)0599
https://tkj.jp
印刷・製本　株式会社広済堂ネクスト

First published 2015 by Yosensha Co., Ltd.
Printed in Japan
ISBN 978-4-299-05994-9